La curación por las flores

Dr. EDWARD BACH

La curación
por las flores

INCLUYE:

Cúrese usted mismo

*

Los doce remedios

*

Nuevo repertorio de remedios
Por el Dr. F. J. Wheeler

www.edaf.net
Madrid - México - Buenos Aires - San Juan
2019

Título original: *The Bach Flower Remedies*
Incluye *Heal Thyself,* de Edward Bach; *The Twelve Healers,* de Edward Bach, y *The Bach Reme-dies Repertory,* de F. J. Wheeler.

© 2021. De esta edición, Editorial EDAF, S. L. U.

Diseño de cubierta: Gerardo Domínguez

Editorial Edaf, S. L.
Jorge Juan, 68. 28009 Madrid
http://www.edaf.net
edaf@edaf.net

Algaba Ediciones S. A. de C. V. Calle 21. Poniente 3323,
Colonia Belisario Domínguez Puebla 72180, México
Teléfono: 52 22 22 11 13 87
jaime.breton@edaf.com.mx

Edaf del Plata, S. A.
Chile, 2222
1227 Buenos Aires (Argentina)
edaf4@speedy.com.ar

Edaf Chile, S. A.
Coyancura, 2270, oficina 914. Providencia
Santiago, Chile
comercialedafchile@edafchile.cl

10.ª edición, abril 2021

ISBN: 978-84-414-2698-6
Depósito legal: M-25.572-2011
PRINTED IN SPAIN   IMPRESO EN ESPAÑA
Impreso por Service Point

*Este libro está dedicado
a todos aquellos que sufren,
a todos aquellos que desesperan.*

Índice

Prólogo

MIENTRAS me decido a escribir estas líneas de presentación a la nueva edición de la obra fundamental de Bach, todo el agradecimiento que siento por este médico galés me llena el corazón y la cabeza. Me cuesta hacerle un espacio a las palabras. Me pregunto: ¿Por dónde comenzar? ¿Qué agregar a todos los folios que ya se han escrito y que, aun con la mejor voluntad y conocimiento, solo son otro rizo de lo que este sencillo médico consigna en la obra que estáis a punto de leer? Después de tantos años de trabajo y exploración, de desaciertos y acertividad, llego a la conclusión de que no hace falta más lectura que la de estos textos para acceder a la Esencia de sus esencias. Volvamos, pues, a la Fuente original.

Edward Bach escribe *Cúrese usted mismo* en el verano de 1930, en Abersoch, una pequeña villa marítima al noroeste de Gales. Acaba de dar forma al método del sol, su particular sistema de elaboración de esencias de flores. Mientras recorre la campiña seleccionando las especies que considera apropiadas y toma baños de mar, concibe esta obra, que merece ser considerada como una de las más relevantes y lúcidas del siglo XX.

Otro tanto ocurre con *Los doce remedios,* un manuscrito al que da su forma definitiva en 1936, un par de meses antes de su muerte. En ambos casos tiene que luchar para verlos publicados. Los editores se niegan a imprimir estas líneas por considerarlas ajenas a la visión de lo que la enfermedad y su curación significan para la época.

Pero Bach está demasiado convencido de haber encontrado un sistema de curación sencillo, económico y accesible a cualquier ser humano que sufre. Toma, hacia el final de sus días, una conmovedora decisión: él y sus colaboradores irán por cada villa o ciudad a leer públicamente los nuevos descubrimientos y a tratar gratuitamente a cuantos lo necesiten. La primera lectura de *Los doce remedios* la lleva a cabo muy cerca de Wallingford, el 24 de septiembre de 1936; cumplía cincuenta años.

Me detengo en este punto del relato, y pienso en que somos muchos los que debemos un poco más de felicidad y salud a la testarudez de este médico vital y excéntrico.

Edward Bach lega la continuación de su trabajo a sus colaboradores, entre los que se hallaba el joven doctor en medicina F. J. Wheeler. A él debemos la redacción, en 1954, del *Nuevo repertorio de remedios,* que apareciera en las primeras ediciones de la obra que usted tiene entre sus manos.

En esta nueva edición el repertorio de síntomas y esencias, confeccionado por Wheeler, ha sido corregido y aumentado por Judy Howard, heredera de la dirección del Edward Bach Healing Center, y sus ayudantes. Se trata de una más que útil e interesante síntesis de lo observado y comprobado en los últimos cuarenta años, y que sirve, sin duda, de inspiración y guía para los que deseamos sanarnos y sanar con las esencias.

Es para mí un profundo honor el presentarles esta obra, porque es la pura sustancia de aquello en lo que creo, y que me hace amar, todos los días, un poco más la Vida.

SUSANA VEILATI

Nota del editor a esta edición

Para un editor es una satisfacción publicar después de más de treinta años de la primera impresión, esta edición actualizada de *La curación por las flores*.

Mejorada, porque hemos añadido tres escritos y conferencias del doctor Bach que los terapeutas profesionales consideran de enorme valor para comprender en profundidad la verdadera importancia de lo que el médico de origen galés aportó a la medicina y que se suman a los textos fundamentales de Bach y que se complementa con el famoso *Repertorio de remedios* de su discípulo el doctor Wheeler.

Confiamos que, al igual que la primera edición en castellano de *La curación por las flores* alcanzó las más de veinte reimpresiones gracias al favor de los lectores, esta nueva edición sea también de su agrado y que continúe siendo para el público general un medio para conocer esta valiosa, eficaz y sencilla terapia y, para los profesionales un libro indispensable pues contiene la esencia de las enseñanzas del doctor Bach.

Introducción
a la edición norteamericana

EDWARD Bach (1886-1936) opinaba que las enfermedades del corazón y de la mente han de ser el centro de atención del sanador. Las enfermedades del cuerpo son síntomas. Pensaba que «... nuestros temores, nuestras aprensiones, nuestras ansiedades y demás son los que abren la puerta a la invasión de la enfermedad».

Históricamente, la medicina herbaria ha ofrecido formas de levantar el ánimo, de consolar, de calmar, de dar fortaleza, de serenar la mente y las emociones. Culpepper o Gerard puede que supieran qué planta recetar para la melancolía o la indecisión; pero Bach fue más lejos al establecer una conexión médica entre los sentimientos y la enfermedad física real. También desarrolló una rama especial de la medicina herbaria que utilizaba únicamente las flores —el orégano, altamente potente y vital, portador de las semillas—, y de las flores, solo las no venenosas (contrariamente al acónito o a la digital de la medicina herbaria).

Bach utilizó sus remedios florales para aliviar la angustia mental hasta poder hallar los problemas que afectan a la intimidad del hombre; y también, en parte, para curar actitudes como el remordimiento o la falta de confianza. Esto, sin embargo, era solo parte de la cura, que también incluía interacción positiva y ánimos y consejos por parte del médico. Un buen médico ha de ser capaz de reconocer la enfermedad —basándose en ciertos estados de ánimo y actitudes— antes de que se manifieste como enfermedad física. Entonces podrá practicar, con eficacia, una auténtica medicina preventiva.

Edward Bach no ofreció ninguna explicación científica de cómo o por qué actuaban esos remedios. En efecto, era consciente de las tendencias a que está sujeta la ciencia, y ha encarecido a los demás a que mantengan sus remedios «apartados de la ciencia, apartados de las teorías». Si en la naturaleza hubiera principios operativos observables, no habría necesidad de complicar las cosas. Los animales salvajes no necesitan explicaciones de por qué algunas plantas los alivian cuando están enfermos. Lo que ofrecía Bach eran cientos de historias de casos de curación.

Los remedios en sí son de preparación simple. Los materiales que se requieren son agua pura, luz del sol, capullos frescos y un cacharro de cristal limpio. Su acción siempre es suave y fortalecedora.

New Canaan, Connecticut
Abril de 1979

CÚRESE USTED MISMO

Una explicación de la causa real y de la curación de la enfermedad

EDWARD BACH
Doctor en Medicina
Licenciado en Ciencias
Doctor en Filosofía

Capítulo I

No pretende este libro sugerir que es innecesario el arte de curar; lejos de nosotros semejante intención; pero sí esperamos humildemente que sea una guía para quienes sufren, y les ayude a buscar dentro de sí mismos el origen real de sus enfermedades para que así puedan ayudarse a curar. Aún más, esperamos que pueda estimular a aquellos, tanto en la profesión médica como en las órdenes religiosas, que se preocupan por el bienestar de la humanidad, a redoblar sus esfuerzos para aliviar los sufrimientos humanos, y de ese modo acelerar el advenimiento del día en que sea completa la victoria sobre la enfermedad.

La principal razón del fracaso de la ciencia médica moderna es que trata los síntomas pero no las causas. Durante muchos siglos la auténtica naturaleza de la enfermedad ha quedado enmascarada por el materialismo, y así la enfermedad ha tenido todas las oportunidades de extender sus estragos, puesto que no se han atacado sus orígenes. La situación es como la de un enemigo poderosamente fortificado en las colinas, enviando continuas guerrillas por el territorio de alrededor, mientras la gente, descuidando la guarnición fortificada, se contenta con reparar los daños causados en las casas y con enterrar a los muertos provocados por los guerrilleros. Así es, en términos generales, la situación en la medicina actual: se hace un remiendo en los atacados y se entierra a los degollados, sin pensar en la verdadera fortaleza.

Nunca se erradicará ni se curará la enfermedad con los actuales métodos materialistas, por la sencilla razón de que la enfermedad no es material en su origen. Lo que nosotros conocemos como enfermedad es el último resultado producido en el cuerpo, el producto final de fuerzas profundas y duraderas, y aunque el tratamiento material solo sea aparentemente eficaz, es un mero alivio temporal si no se suprime la causa real. La tendencia moderna de la ciencia médica, al interpretar equivocadamente la verdadera naturaleza de la enfermedad y concentrarla en términos materiales en el cuerpo físico, ha aumentado enormemente su poder; primero, desviando los pensamientos de la gente de su auténtico origen y, por ende, el método de ataque efectivo, y segundo, al localizarla en el cuerpo, despertando un gran complejo de miedo a la enfermedad que nunca debió existir.

La enfermedad es, en esencia, el resultado de un conflicto entre el Alma y la Mente, y no se erradicará más que con un esfuerzo espiritual y mental. Estos esfuerzos, si se llevan a cabo adecuadamente, con entendimiento, como veremos más adelante, pueden curar y evitar la enfermedad al eliminar esos factores básicos que son su causa primaria. Ningún esfuerzo dirigido únicamente al cuerpo puede hacer algo más que reparar superficialmente el daño, y no hay curación en ello, puesto que la causa sigue siendo operativa y en cualquier momento puede volver a demostrar su presencia de otra forma. De hecho, en muchos casos, una aparente mejoría resulta perjudicial, al ocultarle al paciente la auténtica causa de su molestia, y, con la satisfacción de una salud aparentemente mejorada, el factor real, no descubierto, puede adquirir renovadas fuerzas. Contrastemos estos casos con el del paciente que sabe, o que recibe luz de un buen médico, cuál es la naturaleza de las fuerzas adversas espirituales o mentales que actúan, y cuyo resultado ha precipitado lo que llamamos enfermedad en el cuerpo físico. Si ese paciente trata directamente de neutralizar esas fuerzas, mejora su salud en cuando tenga éxito en su empresa, y, cuando se complete el proceso, desaparecerá la enfermedad. Esta es la verdadera curación, y consiste en atacar el baluarte, la auténtica base de la causa del padecimiento.

Una de las excepciones a los métodos materialistas en la ciencia moderna es la del gran Hahnemann, fundador de la homeopatía, que con su comprensión del benéfico amor del Creador y de la Divinidad que reside dentro de cada hombre, estudiando la actitud mental de sus pacientes ante la vida, el entorno y sus respectivas enfermedades, se propuso buscar en las hierbas del campo y en el terreno de la naturaleza el remedio que no solo curase sus cuerpos, sino que al mismo tiempo beneficiase a su actitud mental. Cuán deseable sería que los verdaderos médicos que aman a la humanidad extendieran y desarrollaran su ciencia.

Quinientos años antes de Cristo, unos médicos de la antigua India, trabajando bajo la influencia del Señor Buda, desarrollaron el arte de curar hasta un estado tan perfecto que pudieron abolir la cirugía, aunque la cirugía de la época era tan eficaz, si no más, como la nuestra. Hombres como Hipócrates, con sus elevados ideales de curación; Paracelso, con su certeza de la divinidad del hombre, y Hahnemann, que se dio cuenta de que la enfermedad se originaba en un plano por encima del físico —todos ellos sabían mucho de la auténtica naturaleza y remedio de los padecimientos—. Cuánta miseria y daño se habría ahorrado en los últimos veinte o veinticinco siglos si se hubieran seguido las enseñanzas de esos grandes maestros; pero, como en otras cosas, el materialismo invadió el mundo occidental con tanta fuerza, y durante tanto tiempo, que las voces de los obstaculizadores prácticos se alzaron por encima de los consejos de quienes conocían la verdad.

Afirmemos brevemente que la enfermedad, en apariencia tan cruel, es en sí beneficiosa y existe por nuestro bien, y, si se interpreta correctamente, nos guiará para corregir nuestros defectos esenciales. Si se la trata de manera adecuada, será la causa de supresión de nuestros defectos y nos dejará mejor y más plenos que antes. El sufrimiento es un correctivo para destacar una lección que de otro modo nos habría pasado desapercibida y que no puede erradicarse hasta que no se aprende la lección. Digamos también que aquellos que comprenden y son capaces de leer el significado de los síntomas premonitorios pueden evitar la enfermedad antes de que aparezca, o abortarla en sus primeras fases si se realizan los adecuados esfuerzos correctivos espirituales y mentales. Tampoco tiene que desesperar nadie, por grave que sea su caso, ya que el hecho de que el individuo siga físicamente vivo indica que el Alma que rige su cuerpo no carece de esperanza.

Capítulo II

Para entender la naturaleza de la enfermedad hay que conocer algunas verdades o principios fundamentales.

El primero es que *el hombre tiene un Alma que es su ser real;* un Ser Divino, Poderoso, Hijo del Creador de todas las cosas, del cual el cuerpo, aunque templo terrenal de esa Alma, no es más que un diminuto reflejo: que nuestra Alma, nuestro Ser Divino que reside en y en torno a nosotros, nos da nuestras vidas como quiere Él que se ordenen y, siempre que nosotros lo permitamos, nos guía, protege y anima, vigilante y bondadoso, para llevarnos siempre a lo mejor; que Él, nuestro Ser Superior, al ser una chispa del Todopoderoso, es, por tanto, invencible e inmortal.

El segundo principio es que *nosotros,* tal y como nos conocemos en el mundo, *somos personalidades que estamos aquí para obtener todo el conocimiento y la experiencia que pueda lograrse a lo largo de la existencia terrena,* para desarrollar las virtudes que nos falten y para borrar de nosotros todo lo malo que haya, avanzando de ese modo hacia el perfeccionamiento de nuestras naturalezas. El Alma sabe qué entorno y qué circunstancias nos permitirán lograrlo mejor, y, por tanto, nos sitúa en esa rama de la vida más apropiada para nuestra meta.

El tercer principio es que tenemos que *darnos cuenta de que nuestro breve paso por la Tierra,* que conocemos como vida, *no es más que un momento en el curso de nuestra evolución,* como un día en el colegio lo es para toda una vida, y aunque por el momento solo entendamos y veamos ese único día, nuestra intuición nos dice que nuestro nacimiento está infinitamente lejos de ser nuestro principio y que nuestra muerte está infinitamente lejos de ser nuestro final. Nuestras almas, que son nuestro auténtico ser, son inmortales, y los cuerpos de que tenemos conciencia son temporales, meramente como caballos que nos llevaran en un viaje o instrumentos que utilizáramos para hacer un trabajo dado.

Sigue entonces un cuarto principio, que *mientras nuestra Alma y nuestra personalidad estén en buena armonía, todo es paz y alegría, felicidad y salud.* Cuando nuestras personalidades se desvían del camino trazado por el alma, o bien por nuestros deseos mundanos o por la persuasión de otros, surge el conflicto. Ese conflicto es la raíz, causa de enfermedad y de infelicidad. No importa cuál sea nuestro trabajo en el mundo —limpiabotas o monarca, terrateniente o campesino, rico o pobre—, mientras hagamos ese trabajo particular según los dictados del alma todo está bien; y podemos además descansar seguros de que cualquiera que sea la posición en que nos encontremos, arriba o abajo, contiene esta posición las lecciones y experiencias necesarias para ese momento de nuestra evolución, y nos proporciona las mayores ventajas para el desarrollo de nuestro ser.

El siguiente gran principio es *la comprensión de la Unidad de todas las cosas: el Creador de todas las cosas es Amor, y todo aquello de lo que tenemos conciencia es en su infinito número de formas una manifestación de ese Amor,* ya sea un planeta o un guijarro, una estrella o una gota de rocío, un hombre o la forma de vida más inferior. Podemos darnos una idea de esta concepción pensando en nuestro Creador como en un sol de amor benéfico y resplandeciente y de cuyo centro irradian infinitos rayos en todas las direcciones, y que nosotros y todos aquellos de los que tenemos conciencia son partículas que se encuentran al final de esos rayos, enviadas para lograr experiencia y conocimiento, pero que, en última instancia, han de retornar al gran centro. Y aunque a nosotros cada rayo nos parezca aparte y distinto, forma en realidad parte del gran Sol central. La separación es imposible, pues en cuanto se corta un rayo de su fuente, deja de existir. Así podemos entender un poco la imposibilidad de separación, pues aunque cada rayo pueda tener su individualidad, forma parte, sin embargo, del gran poder creativo central. Así, cualquier acción contra nosotros mismos o contra otro afecta a la totalidad, pues al causar una imperfección en una parte, esta se refleja en el todo, cuyas partículas habrán de alcanzar la perfección en última instancia.

Así pues, vemos que hay dos errores fundamentales posibles: la disociación entre nuestra alma y nuestra personalidad, y la crueldad o el mal frente a los demás, pues ese es un pecado contra la Unidad. Cualquiera de estas dos cosas da lugar a un conflicto, que desemboca en la enfermedad. Entender dónde estamos cometiendo el error (cosa que con frecuencia no sabemos ver), y una auténtica voluntad de corregir la falta, nos llevará no solo a una vida de paz y alegría, sino también a la salud.

La enfermedad es en sí beneficiosa, y tiene por objeto devolver la personalidad a la Voluntad divina del Alma; y así vemos que se puede prevenir y evitar, puesto que solo con que pudiéramos darnos cuenta de los errores que cometemos y corregirlos de forma espiritual y mental, no habría necesidad de las severas lecciones del sufrimiento. El Poder Divino nos brinda todas las oportunidades de enmendar nuestros caminos antes de que, en último recurso, se apliquen el dolor y el sufrimiento. Puede que no sean los errores de esta vida, de este día de colegio, los que estamos combatiendo; y aunque en nuestras mentes físicas no tengamos conciencia de la razón de nuestro sufrimiento, que nos puede parecer cruel y sin razón, sin embargo nuestras almas (que son nuestro ser) conocen todo el propósito y nos guían hacia lo que más nos conviene. No obstante, la comprensión y la corrección de nuestros errores acortarán nuestra enfermedad y nos devolverán la salud. El conocimiento del propósito de nuestra alma y la aceptación de ese conocimiento significa el alivio de nuestra angustia y sufrimiento terrenal, y nos deja libres para desarrollar nuestra evolución en la alegría y en la felicidad.

Existen dos grandes errores: el primero dejar de honrar y obedecer los dictados de nuestra alma, y el segundo, actuar contra la Unidad. Respecto al primero, hay que dejar de juzgar a los demás, pues lo que es válido para uno no lo es para otro. El comerciante, cuyo trabajo consiste en montar un gran negocio, no solo para beneficio suyo, sino de todos aquellos que trabajan para él, ganando conocimiento de eficiencia y control, y desarrollando las virtudes relacionadas con ambos, necesariamente tendrá que utilizar cualidades y virtudes diferentes de las de una enfermera, que sacrifica su vida cuidando enfermos; y, sin embargo, ambos, si obedecen los dictados de sus almas, están aprendiendo adecuadamente las cualidades necesarias a su evolución. Lo importante es obedecer los dictados y órdenes de nuestra Alma, de nuestro Ser Superior, que conocemos a través de la conciencia, del instinto y de la intuición.

Así pues, vemos que, por sus mismos principios y en su misma esencia, la enfermedad se puede prevenir y curar, y es labor de médicos y sanadores espirituales el dar, además de los remedios materiales, el conocimiento del error de sus vidas a los que sufren, y decirles cómo pueden erradicarse esos errores para que así los enfermos vuelvan a la salud y a la alegría.

Capítulo III

Lo que conocemos como *enfermedad* es la etapa terminal de un desorden mucho más profundo, y para asegurarse un éxito completo en el tratamiento, es evidente que tratando solo el resultado final no se logrará una eficacia total, a no ser que se suprima también la causa básica. Hay un error primario que puede cometer el hombre, y es actuar contra la Unidad; esto se debe al egoísmo. Por eso también podemos decir que no hay más que una aflicción primaria —el malestar o la enfermedad—. Y así como la acción contra la Unidad puede dividirse en varias clases, también puede dividirse la enfermedad —el resultado de esas acciones— en varios grupos que corresponden a sus causas. La propia naturaleza de una enfermedad es una guía muy útil para poder descubrir el tipo de acción que se ha emprendido contra la Ley Divina de Amor y Unidad.

Si tenemos en nuestra naturaleza suficiente amor para todas las cosas, no podemos hacer el mal; porque ese amor detendrá nuestra mano ante cualquier acción, nuestra mente ante cualquier pensamiento que pueda herir a los demás. Pero aún no hemos alcanzado ese estado de perfección; si lo hubiéramos alcanzado, no se requeriría nuestra existencia aquí. Pero todos nosotros buscamos ese estado y avanzamos hacia él, y aquellos de nosotros que sufren en la mente o en el cuerpo son guiados por ese mismo sufrimiento hacia esa condición ideal; y con solo leer correctamente esta lección, aceleraremos nuestro paso hacia esa meta, y también nos libraremos de la enfermedad y de la angustia. En cuanto entendemos la lección y eliminamos el error, ya no es necesaria la corrección, porque tenemos que recordar que el sufrimiento es en sí beneficioso en tanto que nos dice cuándo estamos tomando caminos equivocados y encarrila nuestra evolución hacia su gloriosa perfección.

Las primeras enfermedades reales del hombre son defectos como el orgullo, la crueldad, el odio, el egoísmo, la ignorancia, la inestabilidad y la codicia; y cada uno de estos defectos, tomado por separado, se verá que es adverso a la Unidad. Defectos como estos son las auténticas enfermedades (utilizando la palabra en su sentido moderno), y es la continuidad y persistencia de esos defectos, después de que hayamos alcanzado esa etapa de desarrollo, en la que nos damos cuenta de que son inadecuados, lo que precipita en el cuerpo los resultados perjudiciales que conocemos como enfermedad.

El orgullo se debe, en primer lugar, a la falta de reconocimiento de la pequeñez de la personalidad y de su absoluta dependencia del alma, y a no ver que los éxitos que pueda tener no se deben a ella, sino que son bendiciones otorgadas por la Divinidad interna; en segundo lugar, se debe a la pérdida del sentido de proporción, de la insignificancia de uno frente al esquema de la Creación. Como el

Orgullo se niega invariablemente a inclinarse con humildad y resignación ante la Voluntad del Gran Creador, comete acciones contrarias a esa Voluntad.

La crueldad es la negación de la unidad de todos y un no lograr entender que cualquier acción contraria a otra se opone al todo, y es por tanto una acción contra la Unidad. Ningún hombre pondría en práctica sus efectos perniciosos contra sus allegados o seres queridos, y por la ley de la Unidad tenemos que desarrollarnos hasta entender que todos, por formar parte de un todo, han de sernos queridos y cercanos, hasta que incluso quienes no persigan evoquen sentimientos de amor y compasión.

El odio es lo contrario del Amor, el reverso de la Ley de la Creación. Es contrario a todo el esquema Divino y es una negación del Creador; lleva solo a acciones y pensamientos adversos a la Unidad y opuestos a los dictados por el Amor.

El egoísmo es nuevamente una negación de la Unidad y de nuestro deber para con nuestros hermanos los hombres, al anteponer nuestros intereses al bien de la humanidad y al cuidado y protección de quienes nos rodean.

La ignorancia es el fracaso del aprendizaje, negarse a ver la Verdad cuando se nos ofrece la oportunidad, y lleva a muchos actos equivocados como los que solo pueden existir en las tinieblas y no son posibles cuando nos rodea la luz de la Verdad y del Conocimiento.

La inestabilidad, la indecisión y la debilidad aparecen cuando la personalidad se niega a dejarse gobernar por el Ser Superior, y nos llevan a traicionar a los demás por culpa de nuestra debilidad. Tal condición no sería posible si tuviéramos en nosotros el Conocimiento de la Divinidad Inconquistable e Invencible que es en realidad nuestro ser.

La codicia lleva al deseo de poder. Es una negación de la libertad y de la individualidad de todas las almas. En lugar de reconocer que cada uno de nosotros está aquí para desarrollarse libremente en su propia línea según los dictados del alma solamente, para mejorar su individualidad y para trabajar con libertad y sin obstáculos, la personalidad codiciosa desea gobernar, moldear y mandar, usurpando el poder del Creador.

Esos son ejemplos de enfermedad real, origen y base de todos nuestros sufrimientos y angustias. Cada uno de esos defectos, si se persevera en ellos pese a la voz de nuestro Ser Superior, producirá un conflicto que necesariamente se habrá de reflejar en el cuerpo físico, provocando un tipo específico de enfermedad.

Ahora podemos ver cómo cualquier tipo de enfermedad que podamos sufrir nos llevará a descubrir el defecto que yace bajo nuestra aflicción. Por ejemplo, el orgullo, que es arrogancia y rigidez de la mente, dará lugar a esas enfermedades que producen estados de rigidez y envaramiento del cuerpo. El dolor es el resultado de la crueldad, en tanto que el paciente aprende con su sufrimiento personal a no infligirlo a los demás, desde un punto de vista físico o mental. Las consecuencias del odio son la soledad, los enfados violentos e incontrolables, los tormentos mentales y la histeria. Las afecciones introspectivas —neurosis, neurastenia y condiciones semejantes—, que privan a la vida de tanta alegría, están provocadas por un excesivo egoísmo. La ignorancia y la falta de discernimiento traen sus dificultades propias a la vida cotidiana, y, además, si se da una persistencia en negarse a ver la verdad cuando se nos brinda la oportunidad, la consecuencia es una miopía y mala visión y audición defectuosa. La inestabilidad de la mente debe llevar en el cuerpo a la misma condición, son todos esos desórdenes que afectan al movimiento y a la coordinación. El resultado de la codicia y del dominio de los demás son esas enfermedades que harán de quien las padece un esclavo de su propio cuerpo, con los deseos y las ambiciones frenados por la enfermedad.

Por otra parte, la propia zona del cuerpo afectada no es casual, sino que concuerda con la ley de causa y efecto, y, una vez más será una guía para ayudarnos. Por ejemplo, el corazón, la fuente de vida y por tanto de amor, se ve atacado especialmente cuando el lado amable de la naturaleza frente a la humanidad no se ha desarrollado o se ha utilizado equivocadamente; una mano afectada denota fracaso o error en la acción; al ser el cerebro el centro de control, si se ve afectado, eso indica falta de control en la personalidad, y así podemos seguir analizando las distintas manifestaciones de la ley de causa y efecto. Todos estamos dispuestos a admitir los muchos resultados que siguen a una explosión de ira, al golpe recibido con una mala noticia; si cosas triviales pueden afectar de ese modo al cuerpo, cuánto más grave y profundamente arraigado será un conflicto prolongado entre el alma y el cuerpo. ¿Cómo asombrarnos de que el resultado dé lugar a padecimientos tan graves como las enfermedades que hoy nos afligen?

Sin embargo, no hay por qué desesperar. La prevención y curación de la enfermedad se logrará descubriendo lo que falla en nosotros y erradicando ese defecto con el recto desarrollo de la virtud que la ha de destruir; no combatiendo el mal, sino aportando tal cantidad de la virtud opuesta que quedará barrido de nuestras naturalezas.

Capítulo IV

Así pues, vemos que en la enfermedad no hay nada de tipo accidental, ni en su tipo ni en la parte de cuerpo a que afecte; como todos los demás resultados de la energía, obedece a la ley de causa y efecto. Algunas enfermedades pueden ser causadas por medios físicos directos, como los asociados con ciertos venenos, accidentes y heridas, y grandes excesos; pero la enfermedad, en general, se debe a algún error básico en nuestra constitución, como en los ejemplos que dábamos antes.

Y así, para lograr una curación completa, no solo habrá que utilizar medios físicos, eligiendo siempre los mejores métodos que se conozcan en el arte de la curación, sino que tendremos que actuar nosotros mismos dedicando toda nuestra capacidad para suprimir cualquier defecto en nuestra naturaleza; porque la curación final y definitiva viene en última instancia de dentro, del Alma en sí, que con Su benevolencia irradia armonía a través de la personalidad en cuanto se le deja hacerlo.

Dado que hay una raíz principal en toda enfermedad, a saber, el egoísmo, así también hay un método seguro y principal para aliviar cualquier padecimiento: la conversión del egoísmo en dedicación a los demás. Con solo que desarrollemos suficientemente la cualidad de olvidarnos de nosotros mismos en el amor y cuidado de quienes nos rodean, disfrutando de la gloriosa aventura de adquirir conocimiento y ayudar a los demás, nuestros males y dolencias personales terminarán rápidamente. Esa es la gran meta final: la pérdida de nuestros propios intereses en el servicio de la humanidad. No importa en qué situación de la vida nos haya colocado la Divinidad. Ya tengamos un negocio o una profesión, seamos ricos o pobres, monarcas o mendigos, a todos nos es posible llevar a cabo la tarea en nuestras respectivas vocaciones y llegar a ser auténticas bendiciones para quienes nos rodean, comunicándoles el Divino Amor Fraterno.

Pero la inmensa mayoría de nosotros tenemos mucho camino que recorrer antes de alcanzar ese estado de perfección, aunque sorprende lo rápidamente que puede avanzar un individuo por ese camino si se esfuerza seriamente y si no se confía simplemente en su pobre personalidad, sino que tiene fe implícita; con el ejemplo y las enseñanzas de los grandes maestros del mundo, es capaz de unirse con su propia Alma, con la Divinidad que lleva dentro, y todas las cosas son posibles. En casi todos nosotros hay uno o más defectos adversos que obstaculizan nuestro avance, y es ese defecto, o defectos, lo que tenemos que afanarnos por descubrir en nosotros, y mientras tratamos de desarrollar y extender el lado amoroso de nuestra naturaleza hacia el mundo, debemos esforzarnos al mismo tiempo por borrar ese defecto particular llenando nuestra naturaleza con la virtud opuesta. Al principio tal vez nos resulte difícil, pero solo al principio, porque es sorprendente lo rápidamente que crece una virtud auténticamente buscada, unido al conocimiento de que con la

ayuda de la Divinidad que llevamos dentro, a poco que persevere-
mos, el fracaso es imposible.

En el desarrollo del Amor Universal dentro de nosotros mismos
tenemos que aprender a darnos cuenta cada vez más de que todo
ser humano es hijo del Creador, aunque en grado inferior, y de que
un día, en su momento, alcanzará la perfección como todos esperamos. Por insignificante que parezca un hombre o una criatura,
debemos recordar que dentro lleva la Chispa Divina, que irá cre-
ciendo lenta pero segura hasta que la gloria del Creador irradie de
ese ser.

Por otra parte, la cuestión de verdad o error, de bien y mal, es
puramente relativa. Lo que está bien en la evolución natural del
aborigen, estaría mal en lo más avanzado de nuestra civilización, y
lo que para nosotros puede incluso ser una virtud, puede estar fuera
de lugar, y por tanto ser malo, en quien ha alcanzado el grado de
discípulo. Lo que nosotros llamamos error o mal es en realidad un
bien fuera de lugar, y por tanto es algo puramente relativo. Recordemos asimismo que también es relativo nuestro nivel de idealismo;
a los animales podemos parecerles auténticos dioses, mientras que
nosotros nos encontramos muy por debajo de la gran Hermandad
de Santos y Mártires que se entregaron para servirnos de ejemplo.
Por ello hemos de tener compasión y caridad con los más humildes,
porque si bien nos podemos considerar muy por encima de su nivel, somos en nosotros mismos insignificantes y nos queda aún un
largo trecho que recorrer para alcanzar el nivel de nuestros hermanos mayores, cuya luz brilla por el mundo a través de los tiempos.

Si nos asalta el orgullo, tratemos de darnos cuenta de que nuestras personalidades no son nada en sí mismas, incapaces de hacer
nada bueno o de hacer un favor aceptable o de oponer resistencia
a los poderes de las tinieblas, si no nos asiste esa Luz que nos viene
de arriba, la Luz de nuestra Alma; esforcémonos por vislumbrar la
omnipotencia y el inconcebible poder de nuestro Creador, que hace
un mundo perfecto en una gota de agua y en sistemas y sistemas
de universos, y tratemos de darnos cuenta de la relativa humildad

nuestra y de nuestra total dependencia de Él. Aprendamos a rendir homenaje y a respetar a nuestros superiores humanos. ¡Cuán infinitamente más deberíamos reconocer nuestra fragilidad con la más completa humildad ante el Gran Arquitecto del Universo!

Si la crueldad o el odio nos cierran la puerta al progreso, recordemos que el Amor es la base de la Creación, que en toda alma viviente hay algo bueno, y que en los mejores de nosotros hay algo malo. Buscando lo bueno de los demás, incluso de quienes primero nos ofendieron, aprenderemos a desarrollar, aunque solo sea cierta compasión, y la esperanza de que sepan ver mejores caminos; luego veremos que nace en nosotros el deseo de ayudarles a mejorar. La conquista final de todos se hará a través del amor y el cariño, y cuando hayamos desarrollado lo suficiente esas dos cualidades, nada podrá asaltarnos, pues siempre estaremos llenos de compasión y no ofreceremos resistencia, pues, reiteramos, por la propia ley de la causa y efecto, es la resistencia la que perjudica. Nuestro cometido en la vida es seguir los dictados de nuestro Ser Superior, sin dejarnos desviar por la influencia de otros, y esto solo puede conseguirse siguiendo suavemente nuestro propio camino, y al mismo tiempo sin interferir con la personalidad de otro o sin causar el menor perjuicio por cualquier método de odio o crueldad. Debemos esforzarnos denodadamente por aprender a amar a los demás, empezando quizá con un individuo o incluso un animal, y dejando que se desarrolle y se extienda ese amor cada vez más, hasta que sus defectos opuestos desaparezcan automáticamente. El amor engendra amor, igual que el odio engendra odio.

La cura del egoísmo se efectúa dirigiendo hacia los demás el cuidado y la atención que dedicamos a nosotros mismos, llenándonos tanto de su bienestar que nos olvidemos de nosotros mismos en nuestro empeño. Como lo expresa una gran orden de Hermandad: «Buscar el solaz de nuestra aflicción llevando el alivio y el consuelo a nuestros semejantes en la hora de su aflicción», y no hay forma más segura de curar el egoísmo y los subsiguientes desórdenes que ese método.

La inestabilidad se puede erradicar con el desarrollo de la autodeterminación, tomando decisiones y actuando con firmeza en lugar de dudar y vacilar. Aunque al principio cometamos errores, siempre es mejor actuar que dejar pasar oportunidades por falta de decisión. La determinación no tardará en desarrollarse; desaparecerá el miedo a vivir la vida plenamente, y las experiencias guiarán nuestra mente hacia un mejor juicio.

Para acabar con la ignorancia, no hay que temer a la experiencia; por el contrario, mantener la mente bien despierta y los ojos y oídos bien abiertos para captar cualquier partícula de conocimiento que pueda obtenerse. Al mismo tiempo, debemos mantenernos flexibles de pensamiento, para que las ideas preconcebidas y los prejuicios no nos priven de la oportunidad de obtener un conocimiento más amplio y más fresco. Debemos estar siempre dispuestos a abrir la mente y a rechazar cualquier idea, por firmemente arraigada que esté, si la experiencia nos muestra una verdad más sólida.

Al igual que el orgullo, la codicia es un gran obstáculo al progreso, y hay que suprimir ambos defectos sin contemplaciones. Los resultados de la codicia son bastante graves, pues nos llevan a interferir con el desarrollo espiritual de nuestros semejantes. Debemos darnos cuenta de que todos los seres están aquí para desarrollar su evolución según los dictados de su alma, y solo de su alma, y de que ninguno de nosotros tiene que hacer nada que no sea animar a su hermano en ese desarrollo. Debemos ayudarle a esperar y, si está en nuestra mano, aumentar su conocimiento y sus oportunidades en este mundo para lograr progresar. Así como nos gustaría que los demás nos ayudasen a ascender por el empinado y arduo camino de montaña que es la vida, así debemos estar siempre dispuestos a tender una mano y a brindar la experiencia de nuestro mayor conocimiento a un hermano menor o más débil. Así deberá ser la actitud del padre para con su hijo, del maestro para con el hombre, o del compañero para con sus semejantes, dando cuidados, amor y protección en la medida en que se necesiten y sean beneficiosos, sin interferir ni por un momento con la evolución natural de la personalidad que debe dictarle el alma.

Muchos de nosotros en la infancia y primera juventud nos encontramos mucho más cerca de nuestra alma de lo que lo estamos después con el paso de los años, y tenemos entonces ideas más claras de nuestra labor en la vida, de los esfuerzos que se espera que hagamos y del carácter que hemos de desarrollar. La razón de ello es que el materialismo y las circunstancias de nuestra época, y las personalidades con las que nos juntamos, nos alejan de la voz de nuestro Ser Superior y nos atan firmemente al lugar común con su falta de ideales, lo cual es evidente en esta civilización. Que el padre, el educador y el compañero se afanen siempre por animar el desarrollo del Ser Superior dentro de aquellos sobre los que tienen el maravilloso privilegio y oportunidad de ejercer su influencia, pero que siempre dejen en libertad a los demás, igual que esperan que a ellos les dejen en libertad.

Así, de forma semejante, busquemos los defectos de nuestra constitución y borrémoslos desarrollando la virtud opuesta, suprimiendo así de nuestra naturaleza la causa del conflicto entre el alma y la personalidad, que es la primera causa básica de enfermedad. Esa sola acción, si el paciente tiene fe y fortaleza, dará lugar a un alivio, proporcionando salud y alegría; y en aquellos que no tengan tanta fortaleza, el médico ayudará materialmente a la curación para obtener prácticamente el mismo resultado.

Tenemos que aprender sin engañarnos a desarrollar la individualidad según los dictados de nuestra alma, a no temer a ningún hombre y a ver que nadie interfiere o nos disuade de desarrollar nuestra evolución, de cumplir con nuestra obligación y de devolver la ayuda a nuestros semejantes, recordando que cuanto más avanzamos, más constituimos una bendición para quienes nos rodean. Tenemos que guardarnos especialmente de errar al ayudar a los demás, quienesquiera que sean, y estar seguros de que el deseo de ayudarles procede de los dictados de nuestro Ser Íntimo, y no es un falso sentido del deber impuesto por sugestión o por persuasión de una personalidad más dominante. Una de las tragedias que nos afligen hoy día obedece a este tipo, y resulta imposible calcular los miles de vidas desperdiciadas, los millones de oportunidades que se han perdido, la pena y el sufrimiento que se han causado, el enorme número de niños que, por sentido del deber, se han pasado años cuidando de un inválido cuando la única enfermedad que aquejaba al familiar era un desequilibrado deseo de acaparar la atención. Pensemos en los ejércitos de hombres y mujeres a los que se ha impedido quizá hacer una gran obra en pro de la humanidad porque su personalidad quedó dominada por un individuo del que no tuvieron valor de liberarse; los niños que desde edad muy temprana sienten la llamada de una vocación, y sin embargo, por dificultades de las circunstancias, disuasión por parte de otros y debilidad de propósito, se adentran en otra rama de la vida, en la que ni se sienten felices ni capaces de desarrollar su evolución como de otro modo podían haber hecho. Son solo los dictados de nuestra conciencia los que pueden decirnos dónde está nuestro deber, con quién o con quiénes, y a quién o a quiénes hemos de servir; pero, en cualquier caso, hemos de obedecer sus mandatos hasta el máximo de nuestras capacidades.

Por último, no tengamos miedo a meternos de lleno en la vida; estamos aquí para adquirir experiencia y conocimiento, y poco aprenderemos si no nos enfrentamos a las realidades y ponemos todo nuestro empeño. Esta experiencia puede adquirirse en la vuelta de cada esquina, y las verdades de la naturaleza y de la humanidad se pueden alcanzar con la misma validez, o incluso más, en un caserío que entre el ruido y las prisas de una ciudad.

Capítulo V

Dado que la falta de individualidad (es decir, permitir la interferencia ajena sobre nuestra personalidad, interferencia que impide cumplir los mandatos del Ser Supremo) es de tanta importancia en la producción de la enfermedad, y dado que suele iniciarse muy pronto en la vida, pasemos a considerar la auténtica relación entre padres e hijos, maestros y discípulos.

Fundamentalmente, el oficio de la paternidad es el medio privilegiado (y, desde luego, el privilegio habría de considerarse divino) para capacitar a un alma a entrar en contacto con el mundo para el bien de la evolución. Si se entiende de forma apropiada, es probable que no se le ofrezca a la humanidad una oportunidad más grande que esta para ser agente del nacimiento físico de un alma y tener el cuidado de la joven personalidad durante los primeros años de su existencia en la Tierra. La actitud de los padres debería consistir en dar al recién llegado todos los consejos espirituales, mentales y físicos de que sean capaces, recordando siempre que el pequeño es un alma individual que ha venido a este mundo a adquirir su propia experiencia y conocimientos a su manera, según los dictados de su Ser Superior, y que hay que darle cuanta libertad sea posible para que se desarrolle sin trabas.

La profesión de la paternidad es un servicio divino, y debería respetarse tanto, si no más, que cualquier otra tarea que tengamos que desempeñar. Como es una labor de sacrificio, hay que tener siempre presente que no hay que pedirle nada a cambio al niño, pues consiste solo en dar, y solo dar, cariño, protección y guía hasta que el alma se haga cargo de la joven personalidad. Hay que enseñar desde el principio independencia, individualidad y libertad, y hay que animar al niño lo antes posible a que piense y obre por sí mismo. Todo control paterno debe quedar poco a poco reducido conforme se vaya desarrollando la capacidad de valerse por sí mismo, y, más adelante, ninguna imposición o falsa idea de deber filial debe obstaculizar los dictados del alma del niño.

La paternidad es un oficio de la vida que pasa de unos a otros, y es, en esencia, un consejo temporal y una protección de duración breve que, transcurrido un tiempo, debería cesar en sus esfuerzos y dejar al objeto de su atención libre para avanzar solo. Recordemos que el niño, de quien podemos tener la guardia temporal, quizá sea un alma mucho más grande y anterior que la nuestra, y quizá sea espiritualmente superior a nosotros, por lo que el control y la protección deberían limitarse a las necesidades de la joven personalidad.

La paternidad es un deber sagrado, temporal en su carácter, y que pasa de generación en generación. No conlleva más que servicio y no hay obligación a cambio por parte del joven, puesto que a este hay que dejarlo libre para desarrollarse a su aire y para prepararse para cumplir con esa misma tarea pocos años después. Así, el niño no tendrá restricciones, ni obligaciones, ni trabas paternas, sabiendo que la paternidad se le había otorgado primero a sus padres y que él tendrá que cumplir ese mismo cometido con otro.

Los padres deberían guardarse particularmente de cualquier deseo de moldear a la joven personalidad según sus propios deseos e ideas, y deberían refrenarse y evitar cualquier control indebido o cualquier reclamación de favores a cambio de su deber natural y privilegio divino de ser el medio de ayuda a un alma para que esta se ponga en contacto con el mundo. Cualquier deseo de control, o deseo de conformar la joven vida por motivos personales, es una forma terrible de codicia y no deberá consentirse nunca, porque si se arraiga en el joven padre o madre, con los años estos se convertirán en auténticos vampiros de sus hijos. Si hay el menor deseo de dominio, habrá que comprobarlo desde el principio. Debemos negarnos a ser esclavos de la codicia que nos impulsa a dominar a los demás. Debemos estimular en nosotros el arte de dar, y desarrollarlo hasta que con su sacrificio lave cualquier huella de acción adversa.

El maestro deberá siempre tener presente que su oficio consiste únicamente en ser agente que dé al joven guía y oportunidad de aprender las cosas del mundo y de la vida, de forma que todo niño pueda absorber conocimiento a su manera, y, si se le da libertad, puede elegir instintivamente lo que sea necesario para el éxito de su vida. Una vez más, por tanto, no debe darse nada más que un cariñoso cuidado y guía para permitir al estudiante adquirir el conocimiento que requiere.

Los niños deberían recordar que el oficio de padre, como emblema de poder creativo, es divino en su misión, pero que no implica restricción en el desarrollo ni obligaciones que puedan obstaculizar la vida y el trabajo que les dicta su alma. Es imposible estimar en la actual civilización el sufrimiento callado, la restricción de las naturalezas y el desarrollo de caracteres dominantes que produce el desconocimiento de este hecho. En casi todas las familias, padres e hijos se construyen cárceles por motivos completamente falsos y por una equivocada relación entre padre e hijo. Estas prisiones ponen barras a la libertad, obstaculizan la vida, impiden el desarrollo natural, traen infelicidad a todos los implicados y provocan esos desórdenes mentales, nerviosos e incluso físicos que afligen a la gente, produciendo una gran mayoría de las enfermedades de nuestros días.

No se insistirá nunca lo suficiente sobre el hecho de que todas las almas encarnadas en este mundo están aquí con el específico propósito de adquirir experiencia y comprensión, y de perfeccionar su personalidad para acercarse a sus propios ideales No importa cuál sea nuestra relación con los demás, marido y mujer, padre e hijo, hermano y hermana, maestro y hombre, pecamos contra nuestro Creador y contra nuestros semejantes si obstaculizamos por motivos de deseo personal la evolución de otra alma. Nuestro único deber es obedecer los dictados de nuestra propia conciencia, y esta en ningún momento debe sufrir el dominio de otra personalidad. Que cada uno recuerde que su alma ha dispuesto para él un trabajo particular, y que, a menos que realice ese trabajo, aunque no sea conscientemente, dará lugar inevitablemente a un conflicto entre su alma y su personalidad, conflicto que necesariamente provocará desórdenes físicos.

Cierto es que una persona puede tener vocación de dedicar su vida a otra, pero, antes de que lo haga, que se asegure bien de que eso es lo que le manda su alma, y de que no se lo ha sugerido otra personalidad dominante que lo haya persuadido, y de que ninguna falsa idea del deber lo engaña. Que recuerde también que venimos a este mundo para ganar batallas, para adquirir fuerza contra quienes quieren controlarnos, y para avanzar hasta ese estado en el que pasamos por la vida cumpliendo con nuestro deber sosegada y serenamente, indeterminados y sin ser influenciados por cualquier ser vivo, serenamente guiados en todo momento por la voz de nuestro Ser Superior. Para muchos, la principal batalla que habrán de librar será en su casa, donde, antes de lograr la libertad para ganar victorias por el mundo, tendrán que liberarse del dominio adverso y del control de algún pariente muy cercano.

Cualquier individuo, adulto o niño, que tenga que liberarse en esta vida del control dominante de otra persona, deberá recordar lo siguiente: en primer lugar, que a su pretendido opresor hay que considerarlo de la misma manera que se considera a un oponente en una competición deportiva, como a una personalidad con la que estamos jugando al juego de la vida, sin el menor asomo de amargura, y hay que pensar que, de no ser por esa clase de oponentes, no tendríamos oportunidad de desarrollar nuestro propio valor e individualidad; en segundo lugar, que las auténticas victorias de la vida vienen del amor y del cariño, y que en semejante contexto no hay que usar ninguna fuerza, cualquiera que sea: que desarrollando de forma segura nuestra propia naturaleza, sintiendo compasión, cariño y, a ser posible, afecto —o mejor, amor— hacia el oponente, con el tiempo podremos seguir tranquila y seguramente la llamada de la conciencia sin la menor interferencia.

Aquellos que son dominantes requieren mucha ayuda y consejos para poder realizar la gran verdad universal de la Unidad y para entender la alegría de la Hermandad. Perderse estas cosas es perderse la auténtica felicidad de la Vida, y tenemos que ayudar a esas personas en la medida de nuestras fuerzas. La debilidad por nuestra parte, que les permite a ellos extender su influencia, no les ayudará en absoluto; una suave negativa a estar bajo su control y un esfuerzo por que entiendan la alegría de dar, les ayudará a subir el empinado camino.

La conquista de nuestra libertad, de nuestra individualidad e independencia, requerirá en muchos casos una gran dosis de valor y de fe. Pero en las horas más negras, y cuando el éxito parece totalmente inaccesible, recordemos siempre que los hijos de Dios no tienen que tener nunca miedo, que nuestras almas solo nos procuran tareas que somos capaces de llevar a cabo, y que con nuestro propio valor y nuestra fe en la Divinidad que hay dentro de nosotros, la victoria llegará para todos aquellos que perseveran en su esfuerzo.

Capítulo VI

Y ahora, mis queridos hermanos, cuando nos damos cuenta de que el Amor y la Unidad son las grandes bases de nuestra Creación, de que somos hijos del Amor Divino, y de que la eterna conquista del mal y del sufrimiento se logrará gracias al cariño y al amor, cuando nos damos cuenta de todo esto, ¿dónde caben en este cuadro tan hermoso prácticas como la vivisección y la implantación de glándulas en los animales? ¿Seguimos siendo tan primitivos, tan paganos, que continuamos pensando que con el sacrificio de animales nos libraremos de los resultados de nuestras propias culpas y errores? Hace cerca de dos mil quinientos años, el Señor Buda demostró al mundo lo equivocado del sacrificio de criaturas inferiores. La humanidad ha contraído ya una deuda muy grande con los animales a los que ha torturado y destruido, y lejos de beneficiarse el hombre con tan inhumanas prácticas, solo se perjudica al reino tanto animal como humano. Qué lejos hemos llegado, nosotros occidentales, de los hermosos ideales de la vieja Madre India, cuando el amor por las criaturas de la tierra era tan grande que se enseñaba y se entrenaba al hombre a curar las enfermedades y heridas no solo de los animales mayores, sino de las aves. Además, había grandes santuarios para todo tipo de vida, y tan reacia era la gente a hacer daño a una criatura inferior, que se negaban a atender a un cazador enfermo si no juraba abandonar la práctica de la caza.

No hablemos en contra de los hombres que practican la vivisección, ya que muchos de ellos trabajan animados por principios auténticamente humanitarios, esperando y esforzándose por encontrar alivio a los sufrimientos humanos; sus motivos son bastante buenos, pero su sabiduría no lo es, pues no entienden bien la razón de la vida. Solo el motivo, por bueno que sea, no basta; debe ir acompañado de sabiduría y comprensión.

Del horror de la magia negra, asociada con el injerto de glándulas, no queremos ni escribir, solo implorar a todo ser humano que lo evite como a algo diez mil veces peor que cualquier plaga, pues es un pecado contra Dios, contra los hombres y los animales.

No hay objeto en ocuparse de los fracasos de la moderna ciencia médica, a excepción de un par de cosas; la destrucción es inútil si no se reedifica un edificio mejor, y como en medicina ya se han establecido las bases de un edificio más nuevo, ocupémonos de añadir una o dos piedras a ese templo. Tampoco sirve hoy una crítica adversa de la profesión; es el sistema el que está fundamentalmente equivocado; porque es un sistema en el que el médico, por razones únicamente económicas, no tiene tiempo para administrar un tratamiento tranquilo y sosegado, ni oportunidad para meditar y pensar convenientemente cosas que deberían ser la herencia de quienes dedican sus vidas a atender a los enfermos. Como dijo Paracelso, el médico sabio atiende a cinco, y no a quince, pacientes en un día..., ideal inaccesible para el médico corriente en nuestra época.

Amanece sobre nosotros un nuevo y mejor arte de curación. Hace cinco años, la homeopatía de Hahnemann era el primer resplandor matutino tras una larga noche de tinieblas, y puede que desempeñe un gran papel en la medicina del futuro. Lo que es más, la atención que se dedica actualmente a mejorar la calidad de vida y a establecer una dieta más sana y más pura es un avance en pro de la prevención de la enfermedad; y aquellos movimientos que pretenden dar a conocer a la gente tanto la conexión entre los fracasos espirituales y la enfermedad como la curación que puede lograrse perfeccionando la mente, están abriendo camino hacia ese día radiante en que desaparecerá la negra sombra de la enfermedad.

Recordemos que la enfermedad es un enemigo común, y que cada uno de nosotros que conquiste un fragmento de ella está ayudándose a sí mismo y también a toda la humanidad. Habrá que gastar una considerable, pero definitiva, cantidad de energía antes de que la victoria sea completa; todos y cada uno de nosotros debemos esforzarnos por lograr ese resultado, y los más grandes y más fuertes tendrán no solo que cumplir su parte del trabajo, sino ayudar a sus hermanos más débiles.

Obviamente, la primera forma de evitar que se extienda y aumente la enfermedad es que dejemos de cometer esas acciones que le dan más poder; la segunda, suprimir de nuestra naturaleza nuestros propios defectos, que darían pie a posteriores invasiones. El conseguir esto significaría, desde luego, la victoria; así pues, una vez liberados, estamos en condiciones de ayudar a otros. Y no es tan difícil como pudiera parecer a primera vista; se espera que hagamos lo posible, y sabemos que podemos hacerlo siempre que obedezcamos los dictados de nuestra alma. La vida no nos exige sacrificios impensables; nos pide que hagamos su recorrido con alegría en el corazón, y que seamos una bendición para quienes nos rodean, de forma que si dejamos al mundo solo una pizca mejor de lo que era antes de nuestra visita, hayamos cumplido nuestra misión.

Las enseñanzas de las religiones, si se interpretan debidamente, nos indican «Abandonad todo y seguidme», y eso significa que nos entreguemos totalmente a las exigencias de nuestro Ser Superior, pero no, como algunos imaginan, abandonar casa y comodidades, amor y lujos; la verdad está muy lejos de eso. Un príncipe puede ser, con todas las glorias del palacio, un enviado de Dios y una auténtica bendición para su pueblo, para su país —y aun para el mundo—; cuánto se habría perdido si ese príncipe hubiera imaginado que su deber era meterse en un monasterio. Las tareas de la vida en todas sus ramas, desde la más baja hasta la más exaltada, hay que cumplirlas, y el Divino Guía de nuestros destinos sabe en qué lugar colocarnos para nuestro bien; todo cuanto se espera que hagamos es cumplir con ese cometido, bien y con alegría. Hay santos en la cadena de la fábrica y en la bodega de un barco, igual que los hay entre los dignatarios de las órdenes religiosas. A nadie en esta Tierra se le pide que haga más de lo que está en su poder hacer, y si nos esforzarnos por sacar lo mejor de nosotros mismos, guiados siempre por nuestro Ser Superior, se nos ofrecerá la posibilidad de la salud y la felicidad.

Durante la mayor parte de los dos últimos milenios, la civilización occidental ha pasado por una era de intenso materialismo, y se ha perdido prácticamente la conciencia del lado espiritual de nuestra naturaleza y de nuestra existencia, en una actitud mental que ha situado a las posesiones mundanas, a las ambiciones, deseos y placeres por encima de los valores reales de la vida. La verdadera razón de la existencia del hombre en la Tierra ha quedado empeñada y oculta por su ansiedad de obtener de su encarnación solo bienes terrenos. Hubo una época en la que la vida resultó muy difícil debido a la falta del auténtico consuelo, aliciente y estímulo que supone el conocimiento de cosas más importantes que las de este mundo. Durante los últimos siglos, las religiones les han parecido a muchas personas más bien unas leyendas que nada tenían que ver con sus vidas, en lugar de ser la esencia de su existencia. La verdadera naturaleza de nuestro Ser Superior, el conocimiento de una vida previa y otra posterior, aparte de la actual, ha significado muy poco, en lugar de ser guía y estímulo de todas nuestras acciones. Hemos tendido a apartar las grandes cosas y a hacer la vida lo más cómoda posible, retirando lo suprafísico de nuestras mentes y asiéndonos a los placeres terrenos para compensar nuestros padecimientos. Así, la posición, el rango, la riqueza y las posesiones materiales se han convertido en la meta de estos siglos; y como todas esas cosas son fugaces y solo pueden obtenerse y conservarse a base de ansiedad y concentración sobre las cosas materiales, la paz interna y la felicidad de las generaciones pasadas han quedado infinitamente por debajo de lo que corresponde a la humanidad.

La verdadera paz de espíritu y del alma está con nosotros cuando progresamos espiritualmente, y eso no puede obtenerse con la acumulación de riquezas solamente, por grandes que estas sean. Pero los tiempos están cambiando y hay muchas indicaciones de que esta civilización ha empezado a pasar de la era del puro materialismo al deseo de las realidades y verdades del universo. El interés general y en rápido aumento que hoy se demuestra por el conocimiento de las verdades suprafísicas, el creciente número de quienes desean información sobre la existencia antes y después de esta vida, el hallazgo de métodos para vencer la enfermedad con medios espirituales y de fe, la afición por las antiguas enseñanzas y sabiduría de Oriente..., todo ello son síntomas de que la gente de hoy ha empezado a vislumbrar la realidad de las cosas. Así, cuando se llega al problema de la curación, se comprende que también este tenga que ponerse a la altura de los tiempos y cambiar sus métodos, apartándose del materialismo grosero y tendiendo hacia una ciencia basada sobre las realidades de la Verdad, y regida por las mismas leyes divinas que rigen nuestras naturalezas. La curación pasará del ámbito de los métodos físicos de tratamiento del cuerpo físico a la curación mental y espiritual, que, al restablecer la armonía entre la mente y el alma, erradique la auténtica causa de la enfermedad y permita después la utilización de los medios físicos para completar la curación del cuerpo.

Parece totalmente posible que el arte de la curación pase de manos de los médicos —a no ser que estos se den cuenta de estos hechos y avancen con el crecimiento espiritual del pueblo—, a manos de las órdenes religiosas o de los sanadores natos que existen en toda generación, pero que hasta ahora han vivido más o menos ignorados, impidiéndoseles seguir la llamada de su naturaleza ante la actitud de los ortodoxos. Así pues, el médico del futuro tendrá dos finalidades principales que perseguir. La primera será ayudar al paciente a alcanzar un conocimiento de sí mismo y a destacar en sí los errores fundamentales que esté cometiendo, las deficiencias de su carácter que tenga que corregir y los defectos de su naturaleza que tenga que erradicar y sustituir por las virtudes correspondientes. Semejante médico tendrá que haber estudiado profundamente las leyes que rigen a la humanidad y a la propia naturaleza humana, con vistas a poder reconocer en todos los que a él acuden los elementos que causan el conflicto entre el alma y la personalidad. Tiene que poder aconsejar al paciente cómo restablecer la armonía requerida, qué acciones contra la Unidad tiene que suspender, qué virtudes tiene que desarrollar necesariamente para borrar sus defectos. Cada caso requerirá un cuidadoso estudio, y solo quienes hayan dedicado gran parte de su vida al conocimiento de la humanidad, y en cuyos corazones arda el deseo de ayudar, podrán emprender con éxito esta gloriosa y divina labor en pro de la humanidad, abrir los ojos al que padece e iluminarle sobre la razón de su existencia, inspirarle esperanza, consuelo y fe que le permitan dominar su enfermedad.

El segundo deber del médico será administrar los remedios que auxilien al cuerpo físico a recobrar fuerza y ayuden a la mente a serenarse, a ensanchar su campo y a buscar la perfección, trayendo paz y armonía a toda la personalidad. Semejantes remedios se encuentran en la naturaleza, colocados allí por gracia del Divino Creador para cura y consuelo de la humanidad. Se conocen unos cuantos y otros muchos se buscan actualmente por parte de los médicos en diferentes partes del globo, especialmente en nuestra Madre la India, y no cabe duda que cuando estas investigaciones se desarrollen más, recuperaremos gran parte de los conocimientos que se tenían hace dos mil años, y el sanador del futuro tendrá a su disposición los maravilloso remedios naturales que se nos dieron para que el hombre aliviara su enfermedad.

Así pues, la abolición de la enfermedad dependerá de que la humanidad descubra la verdad de las leyes inalterables de nuestro Universo y de que se adapte con humildad y obediencia a esas leyes, trayendo la paz entre su alma y su ser, y recobrando la verdadera alegría y felicidad de la vida. Y la parte correspondiente al médico consistirá en ayudar a los que sufren a conocer esa verdad, en indicarle los medios mediante los que podrá conseguir la armonía, inspirarle con la fe en su divinidad que todo lo vence, y administrar remedios físicos tales que le ayuden a armonizar su personalidad y a curar su cuerpo.

Capítulo VII

Y ahora llegamos al problema crucial: ¿Cómo podemos ayudarnos a nosotros mismos? Cómo mantener a nuestra mente y a nuestro cuerpo en ese estado de armonía que dificulte o imposibilite el ataque de la enfermedad, pues es seguro que la personalidad sin conflicto es inmune a la enfermedad.

En primer lugar, consideremos la mente. Ya hemos discutido extensamente la necesidad de buscar en nosotros mismos los defectos que poseemos y que nos hacen actuar contra la Unidad y sin armonía con los dictados del alma, y de eliminar esos defectos desarrollando las virtudes contrarias. Esto puede hacerse siguiendo las directrices antes indicadas, y un autoexamen de buena fe nos descubrirá la naturaleza de nuestros errores. Nuestros consejeros espirituales, médicos de verdad e íntimos amigos podrán ayudarnos a conseguir un buen retrato de nosotros mismos, pero el método perfecto de aprender es el pensamiento sereno y la meditación, y el llegar a un ambiente de paz y sosiego en el que las almas puedan hablarnos a través de la conciencia e intuición, y guiarnos según sus deseos. Solo con que podamos apartarnos un rato todos los días, perfectamente solos y en un lugar tranquilo, sin que nadie nos interrumpa, y sentarnos o tumbarnos tranquilamente, con la mente en blanco o bien pensando sosegadamente en nuestra labor en la vida, veremos después de un tiempo que esos momentos nos ayudan mucho y que en ellos tenemos como destellos de conocimiento y de consejo. Vemos que se responde infaliblemente a los difíciles problemas de la vida, y somos capaces de elegir confiadamente el camino recto. En esos momentos tenemos que alimentar en nuestro corazón un sincero deseo de servir a la humanidad y de trabajar siguiendo los dictados de nuestra alma.

Recordemos que cuando se descubre el defecto, el remedio no consiste en luchar denodadamente contra él con grandes dosis de voluntad y energía para suprimirlo, sino en desarrollar firmemente la virtud contraria, y así, automáticamente, desaparecerá de nuestra naturaleza todo rastro de mal. Este es el verdadero método natural de progresar y de dominar al mal, mucho más fácil y efectivo que la lucha contra un defecto en particular. Al combatir un defecto, se aumenta el poder de este al mantener la atención centrada en su presencia, y se desencadena una verdadera batalla; el mayor éxito que cabe esperar en este caso es vencerlo, lo cual deja mucho que desear, ya que el enemigo permanece dentro de nosotros mismos y en un momento de debilidad puede resurgir con renovados bríos. Olvidar el defecto y tratar conscientemente de desarrollar la virtud que aniquile al anterior, esa es la verdadera victoria.

Por ejemplo, si existe crueldad en nuestra naturaleza, podemos repetirnos continuamente: «No voy a ser cruel», y así evitar errar en esa dirección; pero el éxito en este caso depende de la fortaleza de la mente, y, si se debilita por un momento, podemos olvidar nuestra resolución. Pero si, por otra parte, desarrollamos la compasión y el cariño por nuestros semejantes, esta cualidad hará que la crueldad sea imposible de una vez por todas, pues evitaremos con horror cualquier acto cruel gracias a la compasión. En este caso no hay supresión, no hay enemigo oculto que aparezca en cuanto bajamos la guardia, pues nuestra compasión habrá erradicado por completo de nuestra naturaleza la posibilidad de cualquier acto que pudiera dañar a los demás.

Como hemos visto anteriormente, la naturaleza de nuestras enfermedades físicas nos ayudará materialmente al señalar qué disonancia mental es la causa básica de su origen; y otro gran factor de éxito es que consideremos la vida y la existencia no meramente como un deber que hay que cumplir con la mayor paciencia posible, sino que desarrollemos un verdadero gozo por la aventura de nuestro paso por este mundo.

Quizá una de las mayores tragedias del materialismo es el desarrollo del aburrimiento y la pérdida de la auténtica felicidad interna; enseña a la gente a buscar el contento y la compensación a los padecimientos en las alegrías y placeres terrenos, y estos solo pueden proporcionar un olvido temporal de nuestras dificultades. Una vez empezamos a buscar compensación a nuestras duras pruebas con las bromas de un bufón a sueldo, comenzamos un círculo vicioso. La diversión, los entretenimientos y las frivolidades son buenos para todos nosotros, pero no cuando dependemos de ellos persistentemente para olvidar nuestros reveses. Las diversiones mundanas de cualquier clase tienen que ir aumentando de intensidad para ser eficaces, y lo que ayer nos distraía mañana nos aburrirá. Así, seguimos buscando otras y mayores diversiones hasta que nos saciamos y ya no obtenemos alivio por esa parte. De una forma o de otra, la dependencia de las diversiones mundanas nos convierte a todos en Faustos, y aunque no seamos plenamente conscientes de ello, la vida se convierte en poco más que un deber paciente, y su auténtica sal y alegría, que debiera ser la herencia de todo niño y mantenerse a lo largo de la vida hasta la hora postrera, se nos escapa. Hoy día se alcanza el estado extremo en los esfuerzos científicos por rejuvenecer, por prolongar la vida natural y aumentar los placeres sensuales con prácticas demoniacas.

El aburrimiento es el responsable de que admitamos en nuestro ser una incidencia de la enfermedad mucho mayor de la normal, de forma que las enfermedades asociadas con él tienden a aparecer a edad cada vez más temprana. Esta circunstancia no se dará si conocemos la verdad de nuestra Divinidad, nuestra misión en el mundo, y, por tanto, si contamos con la alegría de obtener experiencia y de ayudar a los demás. El antídoto del aburrimiento es interesarse activa y vivamente por todo cuanto nos rodea, estudiar la vida durante todo el día, aprender y aprender y aprender de nuestros semejantes, y de los avatares de la vida, y ver la Verdad que se oculta tras todas las cosas, perdernos en el arte de adquirir conocimientos y experiencia, y aprovechar las oportunidades de utilizar esta experiencia en favor de un compañero de fatigas. Así, cada momento de nuestro trabajo y de nuestro ocio nos aportará un conocimiento, un deseo de experimentar con cosas reales, con aventuras reales y hechos que valgan la pena, y conforme desarrollemos esa facultad, veremos que recuperamos el poder de sacar contento de los menores incidentes, y circunstancias que hasta entonces nos parecían mediocres y de gran monotonía, serán motivo de investigación y de aventura. Son las cosas más sencillas de la vida —las cosas sencillas porque están más cerca de la gran Verdad— las que nos proporcionarán un placer más real.

La renuncia, la resignación, que nos convierte en un mero pasajero pasivo del viaje por la vida, abre la puerta a influencias adversas que nunca habrían tenido oportunidad de deslizarse si la existencia cotidiana se viviera con alegría y espíritu de aventura. Cualquiera que sea la situación de cada uno, trabajador en una ciudad superpoblada o pastor solitario en las montañas, tratemos de convertir la monotonía en interés, el deber aburrido en una alegre oportunidad para experimentar, y la vida cotidiana en un intenso estudio de la humanidad y de las leyes fundamentales del Universo. En todo lugar hay amplias oportunidades de observar las leyes de la Creación, tanto en las montañas como en los valles, o entre nuestros hermanos los hombres. Lo primero, convirtamos la vida en una aventura apasionante, en la que no quepa el aburrimiento, y con el conocimiento así logrado veamos cómo armonizar nuestra mente con nuestra alma y con la gran Unidad de la Creación de Dios.

Otra ayuda fundamental puede ser para nosotros desechar el miedo. El miedo, en realidad, no cabe en el reino humano, puesto que la Divinidad que hay dentro de nosotros, que es nosotros, es inconquistable e inmortal, y si solo nos diéramos cuenta de ello, nosotros, como Hijos de Dios, no tendríamos nada que temer. En la era materialista, el miedo aumenta naturalmente con las posesiones terrenas (ya sea del propio cuerpo o riquezas externas), puesto que si tales cosas son nuestro mundo, al ser tan pasajeras, tan difíciles de lograr y tan imposibles de conservar, excepto lo que dura un suspiro, provocan en nosotros la más absoluta ansiedad, no sea que perdamos la oportunidad de conseguirlas, y necesariamente hemos de vivir en un estado constante de miedo, consciente o subconsciente, puesto que en nuestro fuero interno sabemos que en cualquier momento nos pueden arrebatar esas posesiones y que lo más que podemos conservarlas es una breve vida.

En esta era, el miedo a la enfermedad ha aumentado hasta convertirse en un gran poder de dañar, puesto que abre las puertas a las cosas que tememos, y así estas llegan más fácilmente. Ese miedo es en realidad un interés egoísta, pues cuando realmente estamos absortos en el bienestar de los demás no tenemos tiempo de sentir aprensión ante nuestras enfermedades personales. El miedo está actualmente desempeñando una importante labor de intensificación de la enfermedad, y la ciencia moderna ha extendido el reinado del terror al dar a conocer al público sus descubrimientos, que no son más que verdades a medias. El conocimiento de las bacterias y de los distintos gérmenes asociados con la enfermedad ha causado estragos en las mentes de miles de personas, y, debido al pánico que les ha provocado, les ha hecho más susceptibles de ataque. Mientras las formas de vida inferiores, como las bacterias, pueden desempeñar un papel, o estar asociadas a la enfermedad física, no constituyen en absoluto todo el problema, como se puede demostrar científicamente o con ejemplos de la vida cotidiana. Hay un factor que la ciencia es incapaz de explicar en el terreno físico, y es por qué algunas personas se ven afectadas por la enfermedad mientras otras no, aunque ambas estén expuestas a la misma posibilidad de infección. El materialismo se olvida de que hay un factor por encima del plano físico que, en el transcurso de la vida, protege o expone a cualquier individuo ante la enfermedad, de cualquier naturaleza que sea. El miedo, con su efecto deprimente sobre nuestra mentalidad, que causa inarmonía en nuestros cuerpos físicos y magnéticos, prepara el camino a la invasión, y si las bacterias y las causas físicas fueran las que única e indudablemente provocaran la enfermedad, entonces, desde luego, el miedo estaría justificado. Pero cuando nos damos cuenta de que en las peores epidemias solo se ven atacados algunos de los que están expuestos a la infección, y de que, como hemos visto, la causa real de la enfermedad se encuentra en nuestra personalidad y cae dentro de nuestro control, entonces tenemos razones para desechar el miedo, sabiendo que el remedio está en nosotros mismos. Podemos decir que el miedo a los agentes físicos como únicos causantes de la enfermedad debe desaparecer de nuestras mentes, ya que esa ansiedad nos vuelve vulnerables, y si tratamos de llevar la armonía a nuestra personalidad, no tenemos que anticipar la enfermedad lo mismo que no debemos temer que nos caiga un rayo o que nos aplaste un fragmento de meteoro.

Ahora consideremos el cuerpo físico. No debemos olvidar en ningún momento que es la morada terrena del alma, en la que habitamos una breve temporada para poder entrar en contacto con el mundo y así adquirir experiencia y conocimiento. Sin llegar a identificarnos demasiado con nuestros cuerpos, debemos tratarlos con respeto y cuidado para que se mantengan sanos y duren más tiempo, a fin de que podamos realizar nuestro trabajo. En ningún momento debemos sentir excesiva preocupación o ansiedad por ellos, sino que tenemos que aprender a tener la menor conciencia posible de su existencia, utilizándolos como un vehículo de nuestra alma y mente y como esclavos de nuestra voluntad. La limpieza interna y externa es de gran importancia. Para la limpieza externa, nosotros los occidentales utilizamos agua excesivamente caliente; esta abre los poros y permite la admisión de suciedad. Además, la excesiva utilización del jabón vuelve pegajosa la superficie. El agua fresca o tibia, en forma de ducha o de baño renovado, es el método más natural y mantiene el cuerpo más sano; solo la cantidad de jabón necesaria para quitar la suciedad evidente, y luego enjuagarlo con agua fresca.

La limpieza interna depende de la dieta, y deberíamos elegir cosas limpias y completas y lo más frescas posible, principalmente frutas naturales, verduras y frutos secos. Desde luego habría que evitar la carne animal; primero porque provoca en el cuerpo veneno físico; segundo porque estimula un apetito excesivo y anormal, y tercero, porque implica crueldad con el mundo animal. Debe tomarse mucho líquido para limpiar el cuerpo, como agua y vinos naturales y productos derivados directamente del almacén de la Naturaleza, evitando las bebidas destiladas, más artificiales.

El sueño no debe ser excesivo, ya que muchos de nosotros tenemos más control sobre el cuerpo cuando estamos despiertos que cuando dormimos. El antiguo dicho inglés «cuando llega la hora de darse la vuelta, llega la hora de levantarse» es una excelente indicación de cuándo levantarse.

Las ropas deben ser ligeras de peso, tan ligeras como lo permite el calor que den; deben permitir que el aire traspase hasta el cuerpo, y, siempre que sea posible, hay que exponer el cuerpo, a la luz del sol y al aire fresco. Los baños de agua y de sol son grandes fuentes de salud y vitalidad.

En todo hay que estimular la alegría, y no debemos permitir que nos opriman la duda y la depresión, sino que debemos recordar que eso no es propio de nosotros, pues nuestras almas solo conocen la dicha y la felicidad.

Capítulo VIII

Así pues, vemos que nuestra victoria sobre la enfermedad dependerá principalmente de lo siguiente: primero, hay que tener conciencia de la Divinidad que hay dentro de nosotros y de nuestro consiguiente poder de superar las adversidades; segundo, hay que saber que la causa básica de la enfermedad obedece a la falta de armonía entre la personalidad y el alma; tercero, hay que tener la voluntad y la capacidad de descubrir el defecto que causa semejante conflicto; y en cuarto lugar, hay que suprimir ese defecto desarrollando la virtud contraria.

El deber del arte de la curación consistirá en ayudarnos a alcanzar el necesario conocimiento y en proporcionarnos los medios para superar nuestras enfermedades, y además, en administrarnos los remedios que fortalezcan nuestros cuerpos físicos y mentales y nos den mayores probabilidades de victoria. Entonces sí estaremos en disposición de atacar la enfermedad en su base con esperanza de éxito. La escuela médica del futuro no se interesará particularmente por los resultados finales y productos de la enfermedad, ni les dará tanta importancia a las actuales lecciones físicas, ni administrará drogas y productos químicos para paliar los síntomas, sino que, conocedora de la verdadera causa de la enfermedad y consciente de que los resultados físicos obvios son meramente secundarios, concentrará sus esfuerzos en aportar esa armonía entre cuerpo, mente y alma que conlleva el alivio y curación de la enfermedad. Y en los casos en que se emprenda lo bastante pronto la corrección de la mente, se evitará la enfermedad inminente.

Entre los tipos de remedios que se utilizarán, estarán los que se obtienen de las plantas y las hierbas más bonitas que se encuentran en la botica de la Naturaleza, plantas enriquecidas divinamente con poderes curativos para el cuerpo y la mente del hombre.

Por nuestra parte, debemos practicar la paz, la armonía, la individualidad y la firmeza de propósito y desarrollar progresivamente el conocimiento de que en esencia somos de origen divino, hijos del Creador, y por tanto tenemos dentro de nosotros, esperando a que los desarrollemos, como haremos con toda seguridad en tiempos venideros, el poder de alcanzar la perfección. Y esta realidad crecerá en nosotros hasta que se convierta en el rasgo más destacado de nuestra existencia. Debemos practicar firmemente la paz, imaginando que nuestras mentes son como lagos que siempre hay que mantener mansos, sin olas, sin siquiera arrugas que perturben su tranquilidad, y gradualmente desarrollar ese estado de paz hasta que ningún avatar de la vida, ninguna circunstancia, ninguna otra personalidad pueda, bajo ningún pretexto, estremecer la superficie del lago o fomentar en nosotros sentimientos de irritabilidad, depresión o duda. Nos ayudará materialmente el aislarnos unos momentos todos los días para pensar tranquilamente en la belleza de la paz y en los beneficios de la calma, y darnos cuenta de que no será con prisas ni preocupaciones como más realizaremos, sino con calma, tranquilidad y sosiego en la acción: así seremos más eficientes en todo cuanto emprendamos. Armonizar nuestra conducta en esta vida de acuerdo con los deseos de nuestra propia alma, y permanecer en un estado de paz tal que las tribulaciones y preocupaciones del mundo nos dejen impasibles es algo muy importante, y lograrlo nos da esa paz que trasciende la comprensión; y aunque al principio nos parezca ser un sueño fuera de nuestro alcance, con paciencia y perseverancia estará al alcance de todos nosotros.

No se nos pide en absoluto que seamos santos o mártires o personas de renombre; a casi todos nosotros se nos reservan trabajos menos vistosos; pero se espera de todos nosotros que entendamos las alegrías y las aventuras de la vida y que cumplamos con agrado la parcela de trabajo particular que la Divinidad nos ha reservado.

Para todos los enfermos, la paz de espíritu y la armonía con el alma son las mayores ayudas para la curación. La medicina y enfermería del futuro prestarán mucha mayor atención al desarrollo de esto en el paciente de lo que se hace hoy, cuando, incapaces de juzgar los progresos de un caso salvo por medios científicos materialistas, pensamos más en tomar la temperatura con frecuencia y en prestar otras atenciones que interrumpen, más que promueven, el descanso tranquilo y la relajación del cuerpo y de la mente que tan esenciales son para la curación. No cabe duda de que al parecer los menores síntomas del mal, en cualquier caso, si logramos estar unas horas completamente relajados y en armonía con nuestro Ser Superior, se abortará la enfermedad. En estos momentos, lo que necesitamos es una fracción de esa calma simbolizada con la entrada de Cristo en la barca durante la tormenta en el lago de Galilea, cuando ordenó: «Paz, cálmate».

Nuestra visión de la vida depende de lo cerca que se encuentre la personalidad del alma. Cuanto más íntima sea la unión, mayor será la armonía y la paz, y más claramente brillará la luz de la Verdad y la radiante felicidad que pertenece a los más elevados ámbitos; estas nos mantendrán firmes y sin desmayar ante las dificultades y terrores del mundo, pues tienen su base en la Verdad Eterna de Dios. El conocimiento de la Verdad también nos da la certeza de que, por trágicos que parezcan los acontecimientos del mundo, forman una mera etapa temporal en la evolución del hombre; y que incluso la enfermedad es en sí beneficiosa y obra bajo el imperio de ciertas leyes destinadas a producir un bien final con la presión que ejercen sobre nosotros impulsándonos hacia la perfección. Aquellos que saben esto no pueden verse afectados, ni deprimidos, ni desconsolados por esos acontecimientos que tanto pesan sobre los demás, y toda incertidumbre, miedo y desesperanza desaparecen para siempre. Con solo que podamos estar en comunión constante con nuestra Alma, nuestro Padre celestial, el mundo será un lugar de alegría y nadie podrá ejercer sobre nosotros una influencia adversa.

No se nos permite ver la magnitud de nuestra Divinidad, ni darnos cuenta del alcance de nuestro destino, ni del glorioso futuro que se abre ante nosotros; pues si así fuera, la vida no sería una prueba y no comportaría esfuerzo, ni mérito. Nuestra virtud consiste en que nos olvidemos en gran medida de todas esas cosas hermosas y, sin embargo, tengamos fe y ánimo para vivir bien y enfrentarnos con las dificultades terrenas. Sin embargo, por comunión con nuestro Ser Superior, podemos mantener esa armonía que nos permite superar toda la oposición del mundo y caminar por el recto camino de nuestro Destino, sin que nos desvíen de él malas influencias.

Luego debemos desarrollar la individualidad y liberarnos de todas las influencias del mundo, para que, obedeciendo únicamente los dictados de nuestra alma, y sin dejarnos conmover por las circunstancias o por otras personas, nos convirtamos en nuestros propios amos, gobernando el timón de nuestro barco por los encrespados mares de la vida sin abandonar la barra de la rectitud y sin dejar el timón del barco en manos ajenas. Tenemos que conquistar nuestra libertad absoluta y completamente, de forma que cuanto hagamos, todas y cada una de nuestras acciones —incluso todos y cada uno de nuestros pensamientos—, tenga su origen en nosotros mismos, permitiéndonos de ese modo vivir y darnos libremente por decisión nuestra, y solo nuestra.

Nuestra mayor dificultad en este sentido estriba seguramente en nuestros allegados en esa edad en la que el miedo a la convención y a los falsos modelos de vida y de deber se nos presentan de modo tan atractivo. Pero debemos enaltecer nuestro ánimo, que a muchos puede bastarnos para enfrentarnos con las cosas aparentemente más importantes de la vida, pero que a menudo cede ante las pruebas más pequeñas. Tenemos que poder determinar impersonalmente lo bueno y lo malo y actuar sin miedo en presencia de un familiar o de un amigo. ¡Cuántos de nosotros son héroes en el mundo externo y cobardes en casa! Por sutiles que sean los medios que tratan de apartarnos de cumplir nuestro destino, el pretexto del amor y del afecto, o un equivocado sentido del deber, métodos que nos esclavizan y nos mantienen prisioneros de los deseos y exigencias de los demás, debemos rechazarlos suavemente. La voz de nuestra alma, y solo esa voz, habrá de indicarnos cuál es nuestro deber, sin que nos absorban los demás. Hay que desarrollar al máximo la individualidad, y tenemos que aprender a andar por la vida sin fiarnos más que de nuestra alma como consejera y auxiliadora, aprender a coger nuestra libertad con las dos manos y sumergirnos en el mundo para adquirir todas las partículas posibles de conocimiento y de experiencia.

Al mismo tiempo tenemos que estar en guardia para permitir que cada uno ejerza su libertad, sin esperar nada de los demás, sino, al contrario, estando siempre dispuestos a tender una mano para ayudarles en los momentos de necesidad y de dificultad. Así, toda personalidad con que nos encontremos en esta vida, ya sea madre, marido, hijo, desconocido o amigo, se convierte en compañero de viaje, y cualquiera de ellos puede ser más grande o más pequeño que nosotros en cuanto a desarrollo espiritual; pero todos somos miembros de una gran comunidad embarcados en el mismo viaje y con la misma meta gloriosa al final.

Debemos ser firmes en la determinación de vencer, resueltos en nuestra voluntad para alcanzar la cima de la montaña; no nos detengamos a mirar con pesar las caídas del caminar. Ninguna gran ascensión se ha hecho nunca sin tropiezos ni caídas, y hay que considerarlos como experiencias que nos ayudarán a tropezar menos en el futuro. Ningún pensamiento sobre errores pasados debe deprimirnos; ya han pasado y terminaron, y el conocimiento así adquirido nos ayudará a evitar repetirlos. Debemos apresurar firmemente el paso avanzado, sin pensar y sin volver la vista atrás, pues el pasado de incluso hace una hora ya está atrás, y el glorioso futuro con su resplandeciente luz siempre está delante de nosotros. Hay que desechar cualquier miedo; no debería existir nunca en la mente humana, y solo es posible cuando perdemos de vista a la Divinidad. Es algo extraño a nosotros porque, como Hijos del Creador, Chispas de la Vida Divina, somos invencibles, indestructibles, inconquistables. La enfermedad es aparentemente cruel porque es el castigo de los malos pensamientos y de las malas acciones que fueron crueldad para otros. De ahí la necesidad de desarrollar el amor y la hermandad en nuestras naturalezas hasta el máximo, ya que así la crueldad será imposible en el futuro.

El desarrollo del Amor nos lleva a darnos cuenta de la Unidad, de la verdad de que todos y cada uno de nosotros pertenecemos a Una Gran Creación.

La causa de todas nuestras tribulaciones es el egoísmo y el aislamiento, y estos desaparecen en cuanto pasan a formar parte de nuestras naturalezas el Amor y el conocimiento de la gran Unidad. El Universo es la materialización de Dios; en su nacimiento, es el renacer de Dios; en su final, es Dios en su manifestación más elevada. Así ocurre con el hombre; su cuerpo es él externalizado, es una manifestación objetiva de su naturaleza interna; es la expresión de sí mismo, la materialización de las cualidades de su conciencia.

En nuestra civilización occidental tenemos el ejemplo glorioso, el gran modelo de perfección y las enseñanzas de Cristo para guiarnos. Actúa para nosotros como mediador entre nuestra personalidad y nuestra alma. Su misión en la Tierra consiste en enseñarnos a obtener armonía y comunión con nuestro Ser Superior, con Nuestro

Padre que está en los cielos, y, por tanto, a obtener la perfección de acuerdo con la Voluntad del Gran Creador de todas las cosas.

Eso mismo enseñó el Señor Buda y otros grandes maestros que de vez en cuando bajaron a la Tierra a indicar a los hombres el camino de la perfección. No hay atajo para la humanidad. Hay que conocer la verdad, y el hombre debe unirse con el esquema de Amor infinito de su Creador.

Y así llegaremos, hermanos, al glorioso resplandor del conocimiento de nuestra Divinidad. Empecemos a trabajar firme y verazmente para cumplir el Gran Designio de ser felices y comunicar la felicidad, uniéndonos a esa gran Hermandad cuya existencia y razón de ser consiste en obedecer la voluntad de su Dios, y cuya mayor dicha se encuentra en el servicio de sus hermanos menores.

LOS DOCE REMEDIOS

Por el doctor Edward Bach

Introducción

ESTE sistema de tratamiento es el más perfecto que se le ha ofrecido a la humanidad desde tiempos inmemoriales. Tiene el poder de curar las enfermedades y, por ser sencillo, puede utilizarse en casa.

Precisamente su sencillez, unida a sus efectos de curación de todo, hace que sea maravilloso.

No se requiere ciencia alguna, ni conocimientos previos, aparte de los sencillos métodos que aquí se describen; y los que más beneficios conseguirán de este regalo enviado por Dios serán aquellos que lo conserven tan puro como es: sin ciencia, sin teorías, pues todo en la naturaleza es muy simple.

Este sistema de curación, que se nos ha revelado divinamente, demuestra que nuestros temores, nuestras preocupaciones, nuestras ansiedades y demás son los que abren la puerta a la invasión de la enfermedad. De este modo, tratando nuestros temores, preocupaciones, inquietudes y demás, no solo nos veremos libre de la enfermedad, sino que, también, las hierbas que se nos han dado por Obra y Gracia del Creador de todas las cosas, aparte de eso eliminarán nuestros temores e inquietudes, y nos dejarán más felices y satisfechos.

Como las hierbas curan nuestros temores, nuestras ansiedades, nuestras preocupaciones, nuestros defectos y nuestros fallos, ellas son las que debemos procurarnos, y entonces la enfermedad, sea la que sea, desaparecerá de nuestro cuerpo.

Poco más hay que añadir, pues la mente abierta a la comprensión ya sabe todo esto, y con esto basta para los que tienen las mentes despiertas, no confundidas por las tendencias de la ciencia, para que utilicen estos dones de Dios para alivio y beneficio de quienes los rodean.

Así pues, debajo de las enfermedades subyacen nuestros temores, nuestras ansiedades, nuestra concupiscencia, nuestros gustos y fobias. Descubramos cuáles son y curémoslos, y, al curarlos, desaparecerá la enfermedad que sufrimos.

Desde tiempos inmemoriales se sabe que se han puesto en la naturaleza medios providenciales de prevención y curación de las enfermedades, con hierbas, plantas y árboles divinamente enriquecidos. Los remedios de la naturaleza que se dan en este libro han demostrado contar con una bendición que los sitúa por encima de los demás en su labor de merced; y han demostrado tener poder para curar todo tipo de enfermedades y padecimientos.

Al tratar los casos con estos remedios, no se tiene en cuenta la naturaleza de la enfermedad; se trata al individuo, y al mejorar este se va su enfermedad, expulsada al mejorar la salud.

Todos sabemos que las mismas enfermedades pueden tener diferentes efectos sobre diferentes personas; son los efectos los que hay que tratar, porque ellos nos guían hacia la verdadera causa.

Al ser la mente la parte más delicada y sensible del cuerpo, en ella aparecen la génesis y el curso de la enfermedad más claramente que en el resto del cuerpo, por lo que se utiliza la observación de la mente como guía para conocer qué remedio o remedios se requieren.

En la enfermedad se da un cambio de humor respecto a la vida diaria, y las personas observadoras pueden notar ese cambio incluso antes, y a veces mucho antes de que aparezca la enfermedad, y con un tratamiento se puede lograr prevenir la enfermedad. Cuando esta lleva manifestándose cierto tiempo, también el humor del paciente nos indicará cuál es el remedio correcto.

No nos fijemos en la enfermedad, pensemos solo en cómo ve la vida el enfermo.

Se describen sencillamente treinta y ocho estados diferentes: no debe resultar difícil, para uno mismo o para otro, hallar aquel estado o aquellos estados que se dan en una persona, y de ese modo aplicar los necesarios remedios para que se efectúe la curación.

El título, *Los doce remedios,* se ha conservado para este libro por ser familiar a muchos lectores.

El alivio de los sufrimientos era tan cierto y tan benéfico, incluso cuando solo había doce remedios, que se ha creído necesario ofrecer estos conocimientos al público, sin esperar al descubrimiento de los otros veintiséis que completan la serie. Los doce originales se indican con asteriscos.

LOS REMEDIOS

Y las razones de cada uno

LOS 38 REMEDIOS

situados en los 7 epígrafes siguientes

1. PARA EL TEMOR.
2. PARA LA INCERTIDUMBRE.
3. PARA LA FALTA DE INTERÉS POR LAS ACTUALES CIRCUNSTANCIAS.
4. PARA LA SOLEDAD.
5. PARA LA HIPERSENSIBILIDAD A INFLUENCIAS Y OPINIONES AJENAS.
6. PARA EL ABATIMIENTO O LA DESESPERACIÓN.
7. PARA LA SOBREPROTECCIÓN Y LA EXCESIVA PREOCUPACIÓN POR EL BIENESTAR DE LOS DEMÁS.

1. Para el temor

* HELIANTEMO ~~ROCK ROSE~~

Es el remedio indicado para emergencias, accidentes, *ataques o repentinas* enfermedades. Especialmente en casos desesperados, o cuando el enfermo está muy asustado o aterrorizado, o si la condición es lo bastante grave como para causar inquietud a los allegados. Si el paciente no está consciente, se le pueden humedecer los labios con el remedio.

Quizá se necesiten también otros remedios además, como, por ejemplo, si hay inconsciencia —es decir, un estado de profunda somnolencia—, clemátide; si hay tormento, agrimonia, etc.

* MÍMULO ~ MIMULUS

Miedo a las cosas del mundo, a la enfermedad, al dolor, a los accidentes, a la pobreza, a la oscuridad, a estar solo, a la desgracia. Los temores de cada día. Personas que llevan sus miedos en silencio y en secreto, sin hablar de ello libremente con otros.

* CERASIFERA   *CHERRY PLUM*

Miedo al descontrol mental, a que le abandone la razón, a hacer cosas temibles y horribles, indeseables y perjudiciales, pero que aun así se piensa en ellas y se siente uno impelido a realizarlas.

ÁLAMO TEMBLÓN   *ASPEN*

Vagos temores desconocidos, para los que no hay explicación ni razón.

También el paciente puede estar aterrorizado ante algo pavoroso que va a ocurrir, no pudiendo precisar de qué se trata.

Estos miedos vagos e inexplicables pueden obsesionarlo de día y de noche.

Los que los padecen suelen tener miedo a contar sus preocupaciones a los demás.

CASTAÑO ROJO   *RED CHESTNUT*

Para quienes les resulta difícil no inquietarse por lo demás en exceso.

Con frecuencia han dejado de preocuparse por sí mismos, pero pueden sufrir mucho por las personas a las que aman, anticipando desventuras que pueden ocurrirles.

2. Para la incertidumbre

* CERATOSTIGMA — CERATO

Para aquellos que no tienen suficiente confianza en sí mismos para tomar sus propias decisiones.

Están constantemente pidiendo consejo a los demás, y frecuentemente resultan mal orientados.

* SCLERANTHUS ✓

Para aquellos que son incapaces de decidir entre dos cosas, inclinándose primero por una y luego por la otra.

Suelen ser personas tranquilas, calladas, que sobrellevan solas su dificultad, pues no se sienten inclinadas a dialogar.

* GENCIANA — GENTIAN

Para aquellos que se desalientan fácilmente. Pueden progresar satisfactoriamente en la enfermedad o en los negocios de su vida cotidiana, y luego, ante el menor retraso u obstáculo en su progreso, dudan y se desaniman pronto.

AULAGA – GORSE

Gran desesperanza, personas que han perdido toda fe en que se pueda hacer algo por ellas.

Si se les convence, o por complacer a los demás, pueden probar diferentes tratamientos, y al mismo tiempo asegurar a todos que hay poca esperanza de mejoría.

HOJARAZO – HORNBEAM

Para aquellos que sienten que no tienen fuerzas suficientes, mentales o físicas, para llevar la carga de la vida sobre los hombros; los asuntos cotidianos les parecen demasiado, si bien suelen cumplir con su tarea de forma satisfactoria.

Para quienes creen que una parte de la mente o del cuerpo necesita fortalecerse antes de que puedan hacer bien su trabajo.

AVENA SILVESTRE – WILD OAT

Los que tienen ambiciones para hacer algo importante en la vida, que desean adquirir mucha experiencia y disfrutar de todo lo que les sea posible, y vivir la vida intensamente.

Su dificultad estriba en determinar qué ocupación han de seguir; pues si bien sus ambiciones son fuertes, no tienen una vocación que les atraiga por encima de los demás.

Esto puede producirles pérdidas de tiempo e insatisfacción.

3. Para la falta de interés por las actuales circunstancias

* CLEMÁTIDE – CLEMATIS

Para los soñolientos, adormilados, nunca totalmente despiertos, sin gran interés por *su vida* tal cual está. Gente callada, no muy feliz en sus actuales circunstancias, que piensan más en el futuro que en el presente; viviendo de esperanzas de tiempos mejores en los que se hagan realidad sus ideales. En la enfermedad, algunos se esfuerzan poco o nada por ponerse bien, y en algunos casos incluso desean la muerte, con la esperanza de encontrar a un ser querido al que han perdido.

MADRESELVA – HONEYSUCKLE

Para lo que viven demasiado en el pasado, quizá añorando una época de gran felicidad, o a un amigo muerto, o recordando ambiciones que no se hicieron realidad. No esperan felicidad como la que tuvieron.

ROSA SILVESTRE - WILD ROSE

Para quienes, sin razón suficiente aparente, se han resignado a cuanto ocurre, y se limitan a pasar por la vida, tomándola como viene, sin esforzarse por mejorar las cosas y hallar contento. Se han rendido sin lamentarse a la lucha por la vida.

OLIVO - OLIVE

Quienes han sufrido mucho mental o físicamente y se encuentran exhaustos y tan agotados que sienten que les faltan fuerzas para hacer lo que sea. La vida cotidiana les supone un gran esfuerzo y no les proporciona ningún placer.

CASTAÑO BLANCO - WHITE CHESTNUT

Para quienes no pueden evitar pensamientos, ideas, argumentos que no desean que entren en sus mentes. Suele darse esta circunstancia en épocas en las que el interés del momento no es lo bastante intenso como para colmar la mente.

Los pensamientos preocupantes se quedan ahí, o si se desechan por un momento, vuelven enseguida. Parecen dar vueltas y causar un tormento mental.

La presencia de tales ideas acaba con la calma e interfiere con la capacidad de concentrarse solamente en el trabajo o en el placer del momento.

MOSTAZA - MUSTARD

Para quienes están expuestos a temporadas de melancolía, o incluso desesperación, como si les cubriese de sombras una negra nube fría que ocultase la luz de la alegría de vivir. Resulta difícil encontrar una razón o explicación para esos estados repentinos.

En estas condiciones es prácticamente imposible mostrarse feliz o alegre.

BROTE DE CASTAÑO - CHESTNUT BUD

Para los que no sacan todo el provecho de la observación y la experiencia, y a quienes cuesta más trabajo y tiempo que a otros aprender las lecciones de la vida cotidiana.

Mientras una experiencia puede bastarles a algunos, otros necesitan más, a veces varias, antes de aprender la lección.

Por eso, a pesar suyo, se ven cometiendo el mismo error en diferentes ocasiones, mientras que hubiera bastado una sola vez, cuando no una observación de otros, para haber podido evitar incluso ese primer error.

4. Para la soledad

* VIOLETA DE AGUA WATER VIOLET

Para quienes, en la salud o en la enfermedad, les gusta estar solos. Gente muy callada, que se desplazan sin hacer ruido, hablan poco y con voz suave. Muy independientes, capaces y seguros de sí. No suelen influirles las opiniones de los demás. Son reservados, *se apartan de quienes* los rodean, se mantienen distantes y siguen su propio camino. Con frecuencia inteligentes y con talento. Su paz y serenidad es una bendición para quienes los rodean.

* IMPACIENCIA IMPATIENS

Para los que son de pesamiento rápido y veloces en la acción y que quieren que todo se haga sin vacilación ni retrasos. Cuando se encuentran enfermos, están deseando curarse rápidamente.

Les resulta muy difícil tener paciencia con las personas lentas, pues les parece un error y una pérdida de tiempo, y se esforzarán por hacer que esas personas sean más rápidas en todos los aspectos.

Suele preferir trabajar y pensar solos, para poder hacer las cosas a su ritmo.

BREZO - HEATHER

Para quienes están constantemente buscando la compañía de cualquiera, pues les resulta necesario discutir sus asuntos con los demás, quienesquiera que sean. Son muy desgraciados si tienen que estar solos por un tiempo.

5. Para la hipersensibilidad a influencias y opiniones ajenas

* AGRIMONIA - AGRIMONY

Para personas joviales, de buen humor, que gustan de la paz y *se angustian* ante las discusiones y las peleas hasta el punto de renunciar a muchas cosas con tal de evitarlas.

Aunque suelen tener preocupaciones e inquietudes y se sienten turbados en su mente y en su cuerpo, ocultan sus cuitas detrás de su buen humor y de sus bromas y se les considera buenos amigos. Con frecuencia toman alcohol o drogas en exceso, para estimularse y seguir sobrellevando sus tribulaciones con buen talante.

* CENTAURA - CENTAURY

Personas calladas, tranquilas y dóciles que se desviven por servir a los demás. Sobrestiman sus fuerzas en su ansia de agradar.

Su deseo crece de tal modo en ellos que se convierten más en esclavos que en ayudas voluntarias. Su *afán de servicio* los lleva a hacer más trabajo del que les corresponde, y al hacerlo así pueden descuidar su misión particular en esta vida.

NOGAL - WALNUT

Para los que tienen ideales y ambiciones bien definidas en la vida y los cumplen, pero en algunas ocasiones se ven tentados de apartarse de sus propias ideas, propósitos y trabajo, o por el entusiasmo, convicciones o sólidas opiniones de los demás.

El remedio da constancia y protege ante influencias externas.

ACEBO - HOLLY

Para los que se ven frecuentemente atacados por pensamientos como la envidia, los celos, la venganza, la sospecha, o padecen distintas formas de vejación.

Por dentro pueden sufrir mucho, aun cuando no exista una causa real de su desdicha.

6. Para el abatimiento o la desesperación

ALERCE - LARCH

Para quienes no se consideran tan aptos o tan capacitados como quienes le rodean; esperan el fracaso, sienten que nunca harán nada bien, y por eso no se arriesgan ni se esfuerzan por tener éxito.

PINO - PINE

Para quienes se culpan a sí mismos. Incluso cuando algo les sale bien, piensan que podían haberlo hecho mejor, y nunca están satisfechos de sus esfuerzos o de sus resultados. Trabajan mucho y sufren demasiado con los errores que se atribuyen a sí mismos.

A veces, los errores fueron cometidos por terceros, pero ellos se sienten responsables también.

OLMO - ELM

Para quienes hacen un buen trabajo, siguen la vocación de su vida y esperan hacer algo importante, y con frecuencia en bien de la humanidad.

En ocasiones pueden sufrir momentos de depresión cuando sienten que la tarea que han emprendido es demasiado difícil y sobrepasa el poder de un ser humano.

CASTAÑO DULCE *SWEET CHESTNUT*

Para esos momentos que tienen algunas personas en los que es tan grande la angustia que les parece absolutamente insoportable.

Cuando la mente o el cuerpo se sienten al límite de sus fuerzas y ya no pueden más.

Cuando parece que ya solo queda la destrucción y el aniquilamiento.

LECHE DE GALLINA *STAR OF BETH*

Para los que están muy angustiados por circunstancias que produjeron un gran impacto negativo emocional.

El golpe de una noticia grave, la pérdida de un ser querido, el miedo que sigue a un accidente, etc.

Para quienes por un tiempo se niegan a aceptar el consuelo de allegados, este remedio les ayuda a sobreponerse.

SAUCE *— WILLOW*

Para quienes han sufrido una adversidad o una desgracia y les resulta difícil aceptarla sin quejas o resentimientos, pues juzgan la vida por el éxito que aporta.

Les parece que no se merecen un revés tan grande, que es injusto, y se vuelven amargados.

Suelen perder interés y mostrarse menos activos en las cosas de la vida que antes les gustaban.

ROBLE — °AK

Para quienes se debaten y luchan denodadamente por su bienestar o las cosas de la vida cotidiana. Intentarán una cosa tras otra, aunque su caso parezca desesperado.

Seguirán luchando, pero descontentos de sí mismos en la enfermedad si esta interfiere con sus deberes o les impide ayudar a los demás.

Son personas valientes, que se enfrentan a las grandes dificultades sin pérdida de esperanza o de esfuerzo.

MANZANO SILVESTRE — CRAB APPLE

Es el remedio de la purificación.

Para quienes sienten como si hubiera en torno a ellos algo no muy limpio.

A veces es algo aparentemente poco importante; en otros casos puede haber una efermedad más grave que suelen pasar por alto comparado con aquello en que se fijan.

En ambos tipos están ansiosos por verse libres de una cosa en particular que a ellos les parece mayor y tan esencial que hay que curarles de ella.

Se quedan muy abatidos si fracasa el tratamiento.

Este remedio, que limpia, purifica las heridas, si el paciente tiene razones para creer que le ha entrado algún veneno que hay que eliminar.

7. Para la sobreprotección y excesiva preocupación por el bienestar de los demás

* ACHICORIA — CHICORY

Los que piensan mucho en las necesidades de los demás; tienden a cuidar con exceso a los niños, a sus familiares, amigos, y siempre encuentran algo que enmendar. Están continuamente corrigiendo lo que les parece mal y disfrutan haciéndolo. Quieren estar cerca de las personas que les preocupan.

* VERBENA — VERVAIN

Los que tienen principios e ideas fijas, que están seguros de tener razón y que cambian rara vez.

Desean vehementemente convertir a sus opiniones a cuantos les rodean.

Tienen una gran fuerza de voluntad y mucho valor cuando están convencidos de las cosas que quieren enseñar.

En la enfermedad se debaten cuando otros ya lo habrían abandonado todo.

VID — VINE

Gente muy capaz, segura de su capacidad, con fe en el éxito.

Como tienen tanta seguridad, creen que sería bueno convencer a los demás de que hagan las cosas como ellos, pues están convencidos de tener razón. Incluso cuando están enfermos, dan instrucciones a quienes les cuidan.

Pueden ser muy valiosos en caso de emergencia.

HAYA — BEECH

Para quienes sienten la necesidad de ver más belleza y bien en cuanto les rodea. Y aunque muchas cosas parecen estar mal, tienen la capacidad de ver el bien en torno de ellos. Para poder ser más tolerantes, indulgentes y comprensivos con las distintas formas en que cada individuo y cada cosa tienden hacia su perfección.

AGUA DE ROCA — ROCK WATER

Los que son muy estrictos en su forma de vida; se niegan a sí mismos muchas de las alegrías y placeres de la vida porque consideran que eso podría interferir con su trabajo.

Son maestros severos consigo mismos. Desean estar bien y fuertes y ser activos, y harán lo que crean conveniente para mantenerse así. Esperan ser ejemplos que atraigan a otros a seguir sus ideas y a lograr mejores resultados.

Métodos de dosificación

Todos estos remedios son puros e inofensivos, no hay peligro de dar demasiado o con demasiada frecuencia, si bien basta con cantidades mínimas como dosis. Ni tampoco perjudicará un remedio si resulta no ser el indicado para el caso.

Para preparar el remedio, tomar un par de gotas del frasco y echarlas en una botellita * prácticamente llena de agua; si tiene que durar algún tiempo, se puede añadir un poco de brandy como conservante.

Esta botellita se utiliza para administrar las dosis, y todo cuanto se requiere son unas gotitas, tomadas con un poco de agua, leche o cualquier vehículo apropiado.

En casos urgentes se pueden dar las dosis cada pocos minutos, hasta que se sienta mejoría; en casos graves, aproximadamente cada media hora; y en casos largos cada dos o tres horas, o con más o menos frecuencia según el paciente sienta necesidad.

En los pacientes inconscientes, humedézcanse los labios frecuentemente.

Siempre que exista dolor, rigidez, inflamación, o cualquier molestia local, habrá que aplicar además una loción. Échense unas cuantas gotas de la botella de la medicina en un cacharro con agua

---

* De un tamaño hasta 30 ml (1 oz). Se dan instrucciones completas con los remedios.

y empápese en esta mezcla un paño con el que se cubrirá la parte afectada; puede humedecerse de vez en cuando, siempre que se necesite.

A veces pueden resultar beneficiosas aspersiones o baños con agua en la que se habrán vertido unas gotas del remedio.

Acebo	*Ilex aquifolium*
* Achicoria	*Cichorium intybus*
* Agrimonia	*Agrimonia eupatoria*
Agua de roca	
Álamo temblón	*Populus trémula*
Alerce	*Larix decidua*
Aulaga	*Ulex europaeus*
Avena silvestre	*Bromus ramosus*
Brezo	*Calluna vulgaris*
Castaña dulce	*Castanea sativa*
Castaño (brote de)	*Aesculus hippocastanum*
Castaño blanco	*Aesculus hippocastanum*
Castaño rojo	*Aesculus carnea*
* Centaura	*Centaurium umbellatum*
Cerasifera	*Prunus cerasifera*
* Ceratostigma	*Ceratostigma willmottiana*
* Clemátide	*Clematis vitalba*
* Genciana	*Gentiana amarella*
Haya	*Fagus silvatica*
* Heliantemo	*Helianthemum nummularium*
Hojarazo	*Carpinus betulus*
* Impaciencia	*Impatiens glandulifera*

---

* No tenemos un término equivalente al *Bromus ramosus*.
Bromus es la antigua palabra para designar a la avena.

(La alteración en los nombres latinos de ciertas plantas en la edición de *Los doce remedios* se debe a cambios de nomenclatura dictados por las Normas Internacionales de Nomenclatura Botánica.)

Leche de gallina	*Ornitbogalum umbetlatum*
Madreselva	*Lonicera caprifolium*
Manzano silvestre	*Malus pumila*
* Mímulo	*Mimulus guttatus*
Mostaza	*Sinapis arvensis*
Nogal	*Juglans regia*
Olivo	*Olea europaea*
Olmo	*Ulmis procera*
Pino	*Pinus sylvestris*
Roble	*Quercus robur*
Rosa silvestre	*Rosa canina*
Sauce	*Salix vitellina*
* Scleranthus	*Scleranthus annuus*
* Verbena	*Verbena officinalis*
Vid	*Vitis vinifera*
* Violeta de agua	*Hottonia palustris*

Y estemos siempre contentos y agradecidos de corazón al Gran Creador de todas las cosas, porque, en su Amor por nosotros, puso en los campos las hierbas para la salud de todos.

ESCRITOS ORIGINALES
DEL DOCTOR EDWARD BACH

El problema
de la enfermedad crónica

Escrito por EDWARD BACH, licenciado en Medicina
y en Ciencias, y doctorado en Salud Pública

HEMOS encontrado pruebas en los más antiguos anales de la historia de la medicina de que lo que hoy conocemos como toxemia intestinal era una patología que ya se reconocía consciente o inconscientemente, como queda patente por las medicinas y remedios que utilizaban los primeros médicos: laxantes y estimulantes del hígado en su mayoría, que pretendían producir un efecto de limpieza en el intestino. Con la evolución de la ciencia médica a lo largo de los años se han hecho esfuerzos similares para el tratamiento de esta enfermedad mediante métodos diferentes, pero incluso en la actualidad la forma de tratarla, que consiste básicamente en dieta, medicinas y, en casos extremos, cirugía, se fundamenta en concepciones similares.

El canal alimentario tiene, por necesidad, una importancia capital. Su área superficial es mayor que la de la superficie de la piel que recubre todos nuestros cuerpos. Además, tiene la propiedad de absorber cualquier líquido con el que entre en contacto, una propiedad que no posee nuestra piel en un grado similar; una persona puede meterse en una bañera llena de cianuro potásico sin sufrir ninguna consecuencia adversa, pero una cantidad muy pequeña de esta sustancia puede ser fatal si entra en el estómago. También podemos lavarnos con agua llena de bacilos tifoideos, diftéricos o de otro tipo sin sufrir ningún daño, pero si una cantidad microscópica entra por la boca, el resultado puede ser grave o incluso fatal.

El contenido del tracto digestivo es el fluido del que vivimos, del que obtenemos los líquidos y los alimentos que necesitamos. Para nosotros es como el agua en la que se mueven las amebas unicelulares. Por ello resulta esencial que sea puro, que contenga lo necesario para la vida y que esté libre de cualquier sustancia que, al ser absorbida por el cuerpo, pudiera ser nociva porque no tenemos ningún mecanismo protector contra ella.

Sin duda es una de las maravillas de la naturaleza que este canal haya sido capaz de soportar la diversidad de contenidos intestinales con los que las diferentes razas humanas han puesto a prueba sus capacidades de adaptación; pensemos en la diversidad de dietas propias de los diferentes países y por tanto la composición ampliamente variada de los contenidos intestinales resultantes. Aun así todas las razas han sobrevivido. Y de todas formas, si se produce algún problema, el tributo que hay que pagar no será la muerte, solo la enfermedad; no la extinción, solo la degeneración.

Es muy probable que la raza humana originalmente estuviera preparada para vivir únicamente de alimentos crudos (las frutas y los alimentos de los trópicos) y que el canal alimentario humano estuviera solo lo bastante evolucionado para esa dieta. Pero los descendientes de esa raza migraron a climas templados y muchas naciones empezaron a vivir exclusivamente de comida que había sido cocinada, lo que alteró completamente el contenido intestinal. Y a pesar de eso las razas sobrevivieron. No obstante, la humanidad no pudo escapar del todo. Vivieron, pero sufrieron mil y una enfermedades por culpa de una salud empobrecida, de una disminución de su fuerza y de la pérdida de vitalidad física.

No es probable que la naturaleza humana vuelva sobre sus pasos para retornar a esa condición primitiva, pero incluso aunque lo hiciera, el resultado de ese cambio no es el asunto que nos concierne en este momento. Lo que nos interesa son los incontables millones de personas que, en nuestro tiempo y en el futuro cercano, querrán vivir como lo hacemos nosotros ahora y que pedirán a gritos tener salud y que se les alivie el sufrimiento. Tenemos que enfrentarnos a las necesidades presentes, no quedarnos de brazos cruzados esperando a que llegue un futuro ideal.

Cuando una raza vive de una comida que no es natural para ella, el contenido intestinal cambia a nivel químico, físico y bacteriológico. Todos estos factores importan, pero el cambio que resulta esencial para el tema que nos ocupa es el bacteriológico.

Las características físicas y químicas se pueden mantener dentro del rango de la normalidad añadiéndole a nuestra alimentación frutas, ensaladas, etc., para conseguir una dieta que no se aleje mucho de la de la civilización primitiva. De esta manera puede remediarse la extrema variación de los niveles normales tanto en el aspecto físico como químico mediante dietas que no son incompatibles con las posibilidades modernas de los hogares privados y los restaurantes públicos. Con esto quiero decir que es posible comer y cenar a diario en muchos restaurantes y seleccionar alimentos que mantengan al intestino razonablemente limpio sin que nadie considere que hemos perdido el juicio o que somos muy especiales con la comida. Pero aunque sea posible conseguirlo, esto no es suficiente por sí solo para curar la enfermedad. En algunos casos puede serlo, pero si ha habido una infección que se ha prolongado en el tiempo o si la infección está profundamente arraigada, las bacterias resistirán durante mucho tiempo a pesar de la mejora del contenido intestinal y de otros métodos ideados para acelerar su eliminación. De ahí que la infección bacteriana sea de mayor importancia que los desequilibrios físicos y químicos, porque su corrección supone una mayor dificultad.

¿Alguna vez han pensado cuál puede ser la diferencia entre el contenido del intestino grueso de una persona que solo vive de comida cruda y el de una que come alimentos cocinados?

En este último caso, el de las personas que son parte de la civilización, el contenido intestinal tiene un olor desagradable, color oscuro y una reacción alcalina. Contiene muchos productos propios de la putrefacción como el indol y el contenido bacteriano está compuesto por bacilos de *E. coli,* estreptococos y organismos con esporas. Veamos la comparación con el contenido del individuo sano que vive de comida cruda.

El contenido del intestino grueso de estas personas no tiene olor, es de color claro y muestra una reacción ácida. Está libre de productos propios de la putrefacción y el contenido bacteriano consiste en bacilos del ácido láctico junto con algunos bacilos de *E. coli.*

Este contraste ya es suficiente para darle mucho que pensar a cualquiera.

En muchos casos se puede lograr una curación sin alterar una dieta antinatural; pero aunque haya casos en los que un cambio en la dieta no llega a producir un beneficio significativo, no puedo negar que la combinación de dieta y tratamiento suele resultar mejor y más duradera.

La característica esencial de una dieta adecuada es que, además de cubrir las necesidades del cuerpo, debe tender a mantener la reacción del intestino grueso ligeramente ácida en vez de alcalina, que es lo que sucede en las civilizaciones occidentales. La acidez depende del crecimiento de los bacilos del ácido láctico. Para el crecimiento de estos organismos es necesaria la presencia de almidón para asegurar su multiplicación. Las formas comunes de almidón se convierten en azúcares mucho antes de llegar al colon, pero la avena sin cocinar o, aún mejor, los frutos secos troceados son el medio ideal para suministrar un almidón que permanece en su mayor parte sin transformarse en azúcares tras pasar por la parte superior del intestino.

No creo que se haya probado aún que la clase de bacterias de las que se habla en este artículo sean causa de ninguna enfermedad. Yo mismo no estoy seguro. Puede que no sean la causa, sino el resultado, pero este grupo de organismos de los que voy a hablar a continuación están presentes en los pacientes, están asociados con la enfermedad crónica y mediante el uso de preparados elaborados con estas mismas bacterias obtendremos el arma más potente para la lucha contra la enfermedad crónica de cualquier tipo.

Ahora pasaré a hablar de estos organismos, indicadores siempre que aparecen de una enfermedad potencial, si no presente ya, y que se pueden encontrar en la gran mayoría de las personas que nos rodean. Podríamos preguntarnos por qué, si estos organismos son tan nocivos, no siempre se puede demostrar la presencia de una enfermedad. La respuesta es que su virulencia inmediata es reducida y los cuerpos que parten con una salud razonable pueden enfrentarse a estas toxinas durante años sin ningún problema aparente. Pero según va avanzando la vida con sus diferentes tensiones, el esfuerzo de mantener a raya a estos organismos o posiblemente la presencia de enfermedades que hayan hecho aumentar su número, hacen que el cuerpo empiece a manifestar problemas y en cuanto hay una brecha en las defensas, aparece una enfermedad evidente. La aparición de estas enfermedades normalmente se retrasa hasta que la persona alcanza la mediana edad; cuando la siguiente generación es engendrada, la resistencia ante estos organismos no ha alcanzado todavía la activación de su poder. La naturaleza, aunque salva a la especie, no suele preocuparse por una sola vida. Igualmente, debido al largo período de latencia de la tuberculosis, se creyó durante muchos años que no se trataba de una enfermedad infecciosa.

Los gérmenes a los que me voy a referir son los bacilos gramnegativos del importante grupo coli-tifoideo. El detalle más importante que los caracteriza es que no fermentan la lactosa, lo que los diferencia de los bacilos de *E. coli*.

No son patógenos en el sentido convencional (como sí lo son los bacilos tifoideo, disentérico y paratifoideo) y en el pasado no se les ha dado importancia en la mayoría de los casos. No son idénticos a estos organismos, pero sí están vinculados estrechamente y pertenecen a la misma clase.

Su número es enorme, probablemente infinito. Es posible investigar un centenar sin encontrar dos cepas idénticas.

Pero sí podemos organizarlos en grupos. Hay que tener en cuenta que se trata de una clasificación muy rudimentaria, porque cada grupo contiene un gran número de variedades que solo se diferencian las unas de las otras en un mínimo detalle.

Para el objetivo de este texto estos bacilos que no fermentan la lactosa se han dividido en los siguientes seis grupos:

— *Disentéricos*
— *De Gaertner*
— *Alcaligenes faecalis*
— *De Morgan*
— *Proteus*
— *Coli mutable*

Los hemos agrupado de acuerdo a sus poderes de fermentación de ciertos azúcares y solo hemos tenido en cuenta algunos azúcares para mantener el número reducido. Si se utiliza una vacuna autógena la definición exacta del organismo no tiene importancia para el tratamiento y la vacuna polivalente extiende una red muy amplia que contiene varios representantes de cada una de las clases.

Todos estos son bacilos que se consideran mayormente inofensivos, pero que son una señal de enfermedad crónica y, si se utilizan adecuadamente, pueden constituir un medio para su curación.

La evidencia clínica de su poder de curación está ampliamente establecida sin atisbo de duda, cuestión a la que haré referencia algo más adelante, pero los laboratorios están acumulando evidencias de naturaleza no clínica que demuestran la conexión entre estos organismos y la enfermedad.

Si se examinan diariamente las heces de un paciente registrando en un gráfico el porcentaje de organismos presentes, es posible demostrar la relación entre la enfermedad del paciente y el porcentaje registrado.

Ese porcentaje se extraerá de la relación entre los organismos anormales que no fermentan la lactosa y el número de bacilos de *E. coli* presentes. En general se considera normal que solo se encuentren bacilos de *E. coli*, pero también pueden aparecer bacilos anormales en un porcentaje que varía desde el uno hasta el cien por cien de las colonias totales obtenidas.

A partir de la modificación del porcentaje durante el tratamiento se puede determinar hasta cierto punto la respuesta del paciente. Por regla general, los organismos encontrados permanecen dentro de la misma especie identificada en ese caso, es decir, que un bacilo de Gaertner no cambia para convertirse en uno de Morgan o en un Proteus.

Si las heces de un paciente se examinan al microscopio a diario y se registra el porcentaje de bacilos anormales, se podrá descubrir que no mantienen un número uniforme, sino que se dan en ciclos. Por ejemplo, durante un período las muestras están libres de estos organismos, pero después aparecen, su número crece rápidamente, permanecen en la cantidad más alta durante un tiempo y luego van disminuyendo hasta que desaparecen.

Los intervalos en los que no aparecen, los períodos de la fase positiva de su presencia, y los porcentajes más elevados de presencia que se alcanzan varían en los diferentes casos, pero la condición clínica del paciente mantiene cierta relación con la curva de presencia de los organismos en las muestras.

No se ha investigado esta relación lo suficiente para poder enunciar leyes definitivas, porque existe más de un tipo de curva, pero lo que sí puedo asegurar es que hay una relación clara entre las enfermedades clínicas y los porcentajes de bacterias. Un ejemplo de esto es que los mejores resultados tras un tratamiento con la vacuna se dan cuando la fase negativa es corta y esta va seguida por una fase positiva más prolongada y con un porcentaje más alto que el habitual en la rutina del paciente. En general, en los casos en los que hay poca o ninguna variación del número habitual, el tratamiento no tiene tan buenos resultados.

Todavía hay mucho trabajo por hacer en esta línea que seguramente conducirá a la obtención de resultados muy fructíferos.

Es extraordinario lo rápido que se puede alterar el contenido bacteriano. Después de semanas de muestras negativas en bacterias, en treinta y seis horas las muestras pueden contener un porcentaje del 100% de estos bacilos anormales. Qué es lo que produce estos resultados es algo que aún no sabemos; no sabemos si estos organismos matan a los *E. coli* normales, si los *E. coli* se transforman en otros de este tipo anormal, ni si una condición alterada del contenido intestinal o del mismo paciente es lo que causa este cambio. Todo esto puede dar pie a una extensa investigación y, cuando resolvamos este problema, conseguiremos un gran avance para el descubrimiento de la causa de la enfermedad.

Pero sea cual sea la explicación, lo que está claro es que, desde el punto de vista clínico, el porcentaje de estos bacilos en las muestras tiene una relación directa con la enfermedad del paciente en sus diferentes fases.

Otro detalle curioso es la estabilidad de un tipo concreto de bacilo en un sujeto concreto, como ya he mencionado anteriormente. Durante varios años, sin importar la frecuencia con que se realizaron los exámenes o la enfermedad del paciente, los bacilos presentes siempre eran del mismo tipo. Es más, es extraño encontrar más de un tipo en una misma muestra, aunque sí ocurre en un porcentaje muy pequeño.

Hay ciertos síntomas que se dan con mayor frecuencia con un tipo que con otro y no me extrañaría que se llegara a encontrar una relación entre ciertos síntomas de la enfermedad y tipos definidos de estos organismos al observarlos con más detenimiento.

Tanto si estos organismos son la causa como la consecuencia, lo fundamental es que están asociados con la enfermedad crónica y que se puede obtener un beneficio enorme utilizando una vacuna fabricada a partir de ellos. Esto se ha comprobado sin ningún género de dudas en los últimos doce años.

He mencionado antes que hay suficientes evidencias clínicas del valor de este método de tratamiento como para que no haya lugar a dudas, pero debo justificar esa afirmación.

Un número considerable de médicos ha tratado a miles de pacientes con este método, tanto con vacunas hipodérmicas como potenciadas. El ochenta por ciento (por dar una cifra moderada) de estos pacientes mostró mejoría; algunos solo una leve mejoría, pero la mayoría un alivio definitivo, bastantes mostraron resultados brillantes y alrededor de un diez por ciento parecen prácticamente milagros.

Solo soy capaz de hacer esta afirmación tras años de experiencia y experimentos y después de observar miles de casos con la cooperación y observación de médicos de todas partes de las Islas Británicas que apoyan estas evidencias.

Se puede tratar a los pacientes con vacunas con estos organismos inyectadas hipodérmicamente, como ya se lleva haciendo muchos años. Este punto no entra dentro del objetivo de este artículo; consulten mi libro *Chronic Disease* (La enfermedad crónica) para obtener más información.

En lo que quiero hacer hincapié ahora es en que las vacunas potenciadas tienen unos resultados igual de buenos, y algunos creen que incluso mejores, a la hora de matar a estos organismos.

Estas se llevan utilizando unos siete años y masivamente por homeópatas, alópatas y profesionales similares que no quieren utilizar jeringuillas en sus tratamientos durante unos dos.

Estas vacunas potenciadas tienen dos variedades: la autógena y la polivalente. Voy a abundar en este tema para que quede claro.

Vacuna autógena significa que los propios bacilos de un paciente en concreto se han potenciado para utilizarlos con ese paciente.

Vacuna polivalente es en la que se recogen organismos de cientos de pacientes, se mezclan y se potencian todos a la vez. Es esta vacuna la que se les ha presentado a ustedes en forma de nosode porque creemos que merece la pena probarla al menos.

La vacuna autógena solo se puede utilizar con el individuo para el que se ha preparado o un paciente que tenga una infección idéntica. La polivalente, en cambio, está pensada para dar cobertura al mayor número posible de casos.

Es necesario hacer más pruebas para poder establecer los méritos de cada uno de los tipos con el fin de sacar conclusiones definitivas, pero eso no es lo más importante en este momento, porque aunque la autógena debería mostrar un porcentaje más alto de resultados positivos, la variedad polivalente tiene el éxito suficiente para convertirse en un nosode que merece la pena tener en cuenta como nosode adicional en la homeopatía y los resultados que obtenga cualquiera que se atreva a probarlo serán lo bastante buenos, estoy seguro. Y aunque en algunos casos falle, es seguro que los profesionales se verán animados a probar la autógena y así la experiencia comparativa irá aumentando en un grado suficiente para sacar conclusiones.

Ahora mismo se está trabajando en este tema, pero hace falta algo de tiempo antes de que podamos hacer ninguna afirmación definitiva. Esperamos que tras varias pruebas podamos determinar si la polivalente, la autógena o una mezcla de dos o tres cepas resulta ser la forma perfecta de administración para cualquier paciente.

Ahora, para que esta información esté completa es necesario que dé los detalles técnicos exactos para la preparación, de forma que cualquier bacteriólogo con la suficiente experiencia pueda preparar estas vacunas potenciadas.

Las heces se colocan en placas de agar MacConkey y se incuban durante dieciséis horas. Los organismos crecerán en forma de colonias rojas o blancas. Si fermentan la lactosa con la producción de ácido, ese ácido reacciona con el rojo neutral en el medio para dar una colonia roja. Si son bacterias que no fermentan la lactosa no se formará ácido, así que no habrá reacción con el rojo neutral y las colonias serán blancas. Por lo tanto solo interesan aquellas muestras que después de la incubación hayan creado una colonia blanca.

Los cultivos de las colonias blancas, tras desechar las de color rojo, se incubarán durante quince horas en pendientes de agar y las reacciones de los azúcares determinarán el grupo de los organismos.

Un cultivo debe lavarse con 2 centímetros cúbicos de agua destilada.

Después se sella y se calienta a 60 ºC durante treinta minutos.

Se tritura con azúcares de leche, todo con 9 o todo con 99 gramos de azúcares de leche.

Así se consigue la primera décima o la primera centésima potencia respectivamente, dependiendo de la cantidad de azúcares utilizada. Se pueden conseguir otras potencias triturando hasta la sexta c o la duodécima x y añadiendo después las medidas usuales de fluido.

Hay que tener un cuidado especial en la esterilización de todo el material utilizado para que esté totalmente libre de la potenciación anterior. Calentar a 140 °C como mínimo con calor seco durante 15 minutos; el calor seco es más eficaz que el vapor o el calor húmedo.

El nosode polivalente se obtiene haciendo cultivos de varios cientos de casos, añadiéndolos según se van obteniendo a un recipiente estéril y cuando se ha alcanzado un número suficiente, un centímetro cúbico del total bien mezclado y agitado se potencia igual que se ha descrito anteriormente.

No tengo razones para creer que haya nada en este nosode que contradiga las leyes de Hahnemann y como remedio único es más completo que ningún otro que yo conozca.

Supone un vínculo entre las escuelas alopática y homeopática; lo descubrió un miembro de la vanguardia alopática, pero está en consonancia con los principios homeopáticos.

Les presento este nosode como un remedio que merece la pena incluir en su farmacopea porque es útil sobre todo como remedio básico en los casos que no responden a los medicamentos comunes o en los que no está indicado ningún remedio concreto, aunque no es necesario restringir su uso a este tipo de casos.

Todavía queda mucho trabajo por hacer. Ahora mismo se están realizando experimentos para descubrir si estos organismos son causa o efecto de la enfermedad.

El nosode que les estoy presentando ya se ha probado en América y en Alemania, y en este último país hay un número mayor de alópatas y homeópatas que lo utilizan. Algunos de ellos, que anteriormente habían obtenido buenos resultados con la variedad hipodérmica de la vacuna, han relegado por completo las jeringuillas en favor de la vacuna potenciada.

Yo creo que la mejor forma de utilizar este nosode es como remedio básico y no tengo ninguna duda de que obtendrán resultados espectaculares si su administración va acompañada de un tratamiento homeopático que trate los síntomas con el remedio apropiado.

El nosode por sí solo es capaz de eliminar una cantidad variable de un problema básico muy profundo. Por decirlo de una forma simple, purifica a los pacientes y limpia sus órganos hasta que se muestra con claridad el simillimum necesario, lo que hace que la respuesta al remedio sea más efectiva. Por ello, si los resultados que han obtenido los alópatas han sido brillantes, los que obtenga en sus manos serán incluso mejores.

Les pido que prueben este nosode en casos que no han respondido a otros tratamientos y en aquellos casos en los que no se puede indicar claramente un remedio. Pueden confiar en que solo les pido que lo prueben porque creo que vale la pena.

No estoy haciendo mucho hincapié en la vacuna autógena porque sé que verán rápidamente el potencial como nosode de la polivalente. Si las vacunas se administran hipodérmicamente es esencial tener una vacuna autógena para asegurar los mejores resultados; al 95% de los pacientes le va mejor con su propia vacuna y solo alrededor de un 5% responde de manera más concluyente a la polivalente. En el caso de la variedad potenciada todavía es muy pronto para dar datos, pero es tal el éxito de la polivalente que me inclino a pensar que en algunos casos es mejor que la autógena, y en la gran mayoría de los casos al menos igual de buena, aunque probablemente siempre habrá ciertos casos que solo responderán a un nosode personal que haya sido preparado a partir de sus propios organismos.

El nosode, un remedio preparado a partir del material de la enfermedad, es anterior a la bacteriología y a las vacunas, pero la relación de estas últimas con el anterior es obvia. Les ofrezco un remedio para su escuela, pionera en la utilización clínica de la enfermedad para curar la propia enfermedad, que es, creo, potente para la lucha contra la más profunda de todas las enfermedades: la toxemia crónica que el genio Hahnemann descubrió y bautizó. Creo que puedo mostrar la naturaleza de esta enfermedad con más claridad que él, pero eso no significa que le esté arrebatando ni un ápice de su gloria, sino más bien que estoy confirmando y ampliando su trabajo y por tanto haciéndole el único homenaje que él hubiera querido.

El sufrimiento proviene de nuestro interior

De EDWARD BACH, médico, licenciado en Medicina y en Ciencias, miembro del Real Colegio de Cirujanos y del de Médicos de Londres, y doctorado en Salud Pública

Discurso pronunciado en Southport (Inglaterra) en febrero de 1931

ESTOY aquí esta noche para dirigirme a ustedes y no me resulta una tarea fácil.

Forman ustedes parte de una sociedad médica y yo me presento ante ustedes como hombre de medicina. Pero la medicina de la que voy a hablar está tan alejada de las visiones ortodoxas actuales que muy poco de lo que les voy a contar les recordará a las consultas, las residencias o las dependencias hospitalarias que conocemos.

Si no fuera porque ustedes, seguidores de Hahnemann, son los más adelantados de los que predican las enseñanzas de Galeno y de la medicina convencional de los últimos doscientos años, no me atrevería a decir nada de lo que viene a continuación.

Pero las enseñanzas de este gran maestro y sus seguidores han arrojado tanta luz sobre la naturaleza de la enfermedad y abierto tanto los caminos que llevan a la correcta curación, que estoy seguro de que ustedes están preparados para recorrer ese camino conmigo y ver nuevas glorias de la salud perfecta y de la verdadera naturaleza de la enfermedad y la curación.

La inspiración que nos proporcionó Hahnemann le trajo la luz a la humanidad que estaba sumida en la oscuridad del materialismo:

el hombre había llegado a la conclusión de que la enfermedad era un problema puramente material que podía aliviarse y curarse exclusivamente mediante medios materiales.

Él, igual que Paracelso, sabía que si nuestros aspectos espirituales y mentales están en armonía, la enfermedad no puede existir, y por ello se puso a buscar remedios que trataran nuestra mente para así traernos la paz y la salud.

Hahnemann hizo un gran avance que nos llevó a progresar un poco más en el camino, pero solo tenía el tiempo que da una vida para trabajar y a nosotros nos quedó la tarea de continuar sus investigaciones donde él las dejó para añadir algo más sobre los cimientos de la estructura de la curación perfecta cuya construcción comenzó él.

La homeopatía ya se ha alejado de gran parte de los aspectos innecesarios y sin importancia de la medicina convencional, pero todavía tenemos que ir más allá. Sé que ustedes están deseando mirar hacia el futuro, porque ni los conocimientos del pasado ni los del presente son suficientes para aquellos que buscan la verdad.

Paracelso y Hahnemann nos enseñaron a no prestar mucha atención a los detalles de la enfermedad y a tratar la personalidad interna del hombre, porque se dieron cuenta de que si nuestras naturalezas espirituales y mentales están en armonía la enfermedad desaparece. Esos cimientos son las enseñanzas fundamentales que nosotros debemos ampliar.

Hahnemann se centró en cómo conseguir esa armonía y descubrió que se podía revertir mediante la potenciación la acción de todos los medicamentos y remedios de la vieja escuela, además de la de los elementos y las plantas que él mismo seleccionó, de forma que la misma sustancia que provocada envenenamientos y síntomas de enfermedad, podía, en una cantidad ínfima, curar esos síntomas si se preparaba mediante este método específico.

A partir de aquí formuló la «ley de los semejantes», otro gran principio fundamental de la vida: «Lo semejante cura a otro semejante». Y nos dejó a nosotros la tarea de continuar construyendo el templo cuyos primeros planos le habían sido revelados a él.

Si seguimos esta línea de pensamiento, lo primero de lo que nos damos cuenta es de que es muy cierto que la enfermedad en sí misma es lo semejante que cura a otro semejante, porque la enfermedad es el resultado de una actividad errónea, es la consecuencia natural de la falta de armonía entre nuestros cuerpos y nuestras almas; por tanto es un semejante que cura a otro semejante porque la propia enfermedad dificulta y previene que nosotros sigamos realizando las acciones equivocadas y, al mismo tiempo, nos sirve de lección para intentar que corrijamos nuestros caminos y armonicemos nuestras vidas con los dictados de nuestra alma.

La enfermedad es el resultado de pensar y actuar de forma errónea y cesa en cuanto ponemos en consonancia nuestros actos y nuestros pensamientos. Cuando la lección de dolor, sufrimiento y angustia está aprendida ya no hay ninguna razón para su presencia y por ello desaparecerá automáticamente.

Esto es lo que quería decir Hahnemann con su sentencia incompleta «lo semejante cura a otro semejante».

AVANCEMOS UN POCO MÁS POR EL CAMINO

Ahora aparece ante nosotros otra visión gloriosa; podemos ver que la verdadera curación puede lograrse, no haciendo que lo incorrecto repela a lo incorrecto, sino haciendo lo correcto para reemplazar lo incorrecto; el bien por el mal, la luz en vez de la oscuridad.

Así llegamos a la comprensión de que ya no debemos luchar contra la enfermedad con enfermedad, no debemos oponernos a ella con los productos de la enfermedad, ni intentar expulsarla con sustancias que puedan causarla, sino que, por el contrario, reforzar la virtud opuesta es lo que eliminará el defecto.

La farmacopea del futuro solo debería contener los remedios que tengan el poder de hacer el bien y eliminar aquellos cuya única cualidad sea resistir al mal.

Es cierto que el odio puede superarse con un odio mayor, pero solo puede curarse con amor; la crueldad puede prevenirse con una crueldad mayor, pero solo se eliminará desarrollando compasión y lástima; un miedo puede olvidarse ante la presencia de un miedo mayor, pero la verdadera cura de todos los miedos es el coraje.

Nosotros los médicos debemos centrar nuestra atención en esos remedios maravillosos que han sido colocados por Dios en la naturaleza para nuestra curación, las exquisitas y beneficiosas plantas de los campos entre ellos.

Obviamente hay un error de fundamento en la afirmación de que lo semejante cura a otro semejante. Hahnemann tenía una buena intuición sobre la verdad, pero lo expresó de forma incompleta. Lo semejante puede reforzar lo semejante o repelerlo, pero lo semejante no puede producir la verdadera curación de su semejante.

Si analizamos las enseñanzas de Krishna, Buda o Jesucristo siempre encontraremos la noción de que el bien vence al mal. Cristo nos enseñó a resistirnos al mal, a amar a nuestros enemigos y a bendecir a aquellos que nos persiguen. No hay nada de que lo semejante cure a otro semejante. Para la verdadera curación y para nuestro avance espiritual debemos pretender que el bien expulse al mal, que el amor conquiste al odio y que la luz expulse a la oscuridad. Eso conseguirá que podamos evitar todos los venenos, todas las cosas dañinas y servirnos solo de las bellas y beneficiosas.

Sin duda Hahnemann y su método de la potenciación pretendían convertir lo erróneo en correcto, los venenos en sustancias útiles, pero es más fácil utilizar los remedios maravillosos y útiles directamente.

La curación está por encima de todas las cosas y las leyes materiales, porque su origen es divino y no está limitada por ninguno de nuestros estándares ni convenciones. Tenemos que elevar nuestros ideales, nuestros pensamientos, nuestras aspiraciones a los reinos nobles y gloriosos que nos mostraron los grandes maestros.

No piensen ni por un momento que reniego del trabajo de Hahnemann. Muy al contrario: él nos dio las leyes fundamentales, las bases, pero solo tuvo una vida. Si hubiera continuado su trabajo durante más tiempo, seguro que habría progresado siguiendo estas líneas. Nosotros solo estamos ampliando su trabajo y llevándolo al siguiente nivel que surge de forma natural.

Reflexionemos ahora sobre por qué la medicina debe cambiar inevitablemente. La ciencia de los últimos doscientos años ha considerado la enfermedad como un factor material que puede eliminarse mediante medios materiales. Esto es, claro está, un error.

La enfermedad del cuerpo como nosotros la conocemos es un resultado, un producto, una fase final de algo mucho más profundo. La enfermedad se origina muy por encima del plano físico, mucho más cerca del mental. Es únicamente el resultado de un conflicto entre nuestro yo espiritual y nuestro yo mortal. Si ambos están en armonía, tendremos una salud perfecta; pero si muestran alguna discordancia, a esta le seguirá lo que nosotros llamamos enfermedad.

La enfermedad es única y puramente un correctivo, no es una venganza ni una crueldad; solo es el medio que utilizan nuestras almas para señalarnos nuestros errores, para evitar que los cometamos peores, para entorpecer el proceso de hacernos daño y para devolvernos al camino de la verdad y la luz del que nunca debíamos habernos desviado.

En realidad la enfermedad es por nuestro bien y es beneficiosa, aunque si comprendemos las cosas correctamente y tenemos el deseo de hacer las cosas bien podremos evitarla.

Cuando cometemos un error, eso reacciona contra nosotros causándonos infelicidad, incomodidad o sufrimiento, dependiendo de nuestra naturaleza. El propósito de esto es enseñarnos el efecto dañino de la acción o el pensamiento erróneo. Al producir unos resultados similares en nosotros mismos, nos muestra lo que les causa angustia a los demás y por tanto la forma en que es contrario a la gran ley divina del amor y la unidad.

Para un médico que comprende el mecanismo, la enfermedad en sí misma le señala la naturaleza del conflicto. Seguramente ilustraré esto mejor dándoles ejemplos que puedan retener en sus mentes sobre cómo no importa la enfermedad que se sufra, siempre será a causa de la falta de armonía entre la persona y la divinidad que hay en su interior, de que alguien está cometiendo algún error que su ser superior está intentando corregir.

El dolor es el resultado de la crueldad que les causa dolor a otros y puede ser mental o físico. Pero si sufren dolor, busquen en su interior y seguro que encontrarán que algún pensamiento o acción erróneo está presente en su naturaleza: elimínenlo y el dolor cesará. Si tienen una articulación o una extremidad rígida, seguro que también hay alguna rigidez en su mente: estarán manteniendo de forma rígida alguna idea, algún principio o alguna convención que no deberían. Si tienen asma o dificultades respiratorias es que están sofocando de alguna forma otra personalidad o se están asfixiando ustedes mismos por falta de coraje para hacer lo correcto. Si se están consumiendo es porque le están permitiendo a alguien que impida que la fuerza vital entre en sus cuerpos. La parte del cuerpo afectada también puede indicar la naturaleza del error. La mano, una acción errónea; el pie, haber fallado al no ayudar a otros; el cerebro, falta de control; el corazón, deficiencia, exceso o error en el amor; el ojo, no haber visto correctamente o comprendido la verdad cuando la tenían ante sus ojos. De esta forma se puede deducir la naturaleza de una enfermedad, la lección que tiene que aprender el paciente y la corrección necesaria.

Imaginemos por un momento los hospitales del futuro.

Serán un santuario de paz, esperanza y felicidad. Sin prisas, sin ruido, completamente libres de todos los aparatos y máquinas terroríficas que tienen hoy, sin ese olor a antisépticos y anestésicos, sin nada que sugiera enfermedad o sufrimiento. Nada de tomas de temperatura periódicas que interrumpen el descanso del paciente, nada de exámenes diarios con un estetoscopio y unos golpecitos para imprimir en la mente del paciente la naturaleza de la enfermedad, nada de tomar el pulso constantemente para sugerir que el corazón late demasiado rápido, porque todas esas cosas impiden la atmósfera de paz y calma que es tan necesaria para la recuperación rápida del paciente. Tampoco habrá laboratorios, porque el examen puntual y microscópico de los detalles de la enfermedad ya no será necesario cuando todo el mundo acepte que lo que hay que tratar es al paciente y no la enfermedad.

El objetivo de todas estas instituciones será tener una atmósfera de paz, esperanza, felicidad y fe. Se hará todo lo posible para animar al paciente a olvidar su enfermedad, a esforzarse por conseguir la salud y al mismo tiempo por corregir el fallo de su naturaleza y llegar a comprender la lección que tiene que aprender.

Todo en los hospitales del futuro será alegre y bello para que el paciente busque ese refugio, no solo para que le alivien de su enfermedad, sino también para desarrollar el deseo de vivir una vida que vaya más en armonía con los dictados de su alma que la que llevaba antes.

El hospital será como la madre de los enfermos: los llevará en sus brazos, les consolará, calmará y traerá esperanza, fe y coraje para superar las dificultades.

Los médicos del mañana serán conscientes de que ellos por sí mismos no tienen poder para curar, pero que si dedican su vida al servicio del resto de la humanidad, a estudiar la naturaleza humana para comprender su significado, al menos en parte, a desear con todo su corazón aliviar el sufrimiento y a poner todo lo que tengan para ayudar a los enfermos, entonces verán como a través de los enfermos se les envía el conocimiento necesario para guiarlos y el poder de curación para aliviarles el dolor. Y su poder y su capacidad de ayudar estarán en proporción con la intensidad de su deseo y de su disposición de servicio. Entenderán que la salud, como la vida, es de Dios y solo de Dios. Que el médico y los remedios que utiliza solo son meros instrumentos y agentes en el Plan Divino para ayudar a devolver a los que sufren al camino marcado por la ley de Dios.

Estos médicos no tendrán ningún interés por la patología o por la anatomía de la enfermedad; su campo de estudio será la salud. No les importará, por ejemplo, si la falta de aliento está causada por el bacilo de la tuberculosis, el estreptococo u otro organismo, sino que se preocuparán intensamente por saber qué está desarrollando de forma incorrecta el paciente en el amor. No se volverán a utilizar los rayos X para examinar una articulación con artritis, sino que se investigará la mentalidad del paciente para descubrir en qué parte de su mente está la rigidez.

El pronóstico de la enfermedad ya no dependerá de los signos y síntomas físicos, sino de la capacidad del paciente para corregir su error y volverse a situar en armonía con su vida espiritual.

La educación del médico se centrará en un profundo estudio de la naturaleza humana, una amplia consciencia de lo puro y lo perfecto y una comprensión del estado divino del hombre y de los conocimientos sobre cómo ayudar a los que sufren para que armonicen su conducta con su ser espiritual y vuelva la concordia y la salud a su personalidad.

El médico, a partir de la vida y la historia del paciente, tendrá que ser capaz de comprender el conflicto que está causando la enfermedad o la falta de armonía entre el cuerpo y la mente y de esta forma poder dar el consejo y el tratamiento necesario para aliviar a la persona que sufre.

También tendrá que estudiar la naturaleza y sus leyes, estar versado en sus poderes curativos y saber utilizarlos para el beneficio del paciente.

El tratamiento del futuro se centrará principalmente en conseguir devolverle al paciente estas cuatro cualidades: primero, la paz; segundo, la paciencia; tercero, la alegría y por último, la fe.

Y toda la atención y todo lo que les rodee estará dirigido a ese fin. Envolver al paciente en una atmósfera de salud y luz le animará a recuperarse y al mismo tiempo los errores del paciente, una vez diagnosticados, aparecerán con claridad y así se le podrá ayudar y animar para que consiga superarlos.

Además de todo esto se le administrarán esos remedios maravillosos que han sido enriquecidos por Dios con poderes curativos con el fin de abrir los canales necesarios para que entre más luz en el alma y que el paciente se vea inundado por la virtud curativa.

La acción de estos remedios es elevar nuestras vibraciones y abrir nuestros canales para la recepción del ser espiritual, para inundar nuestras naturalezas con la virtud que necesitamos y eliminar el error que nos está haciendo daño. Estos remedios son capaces, como la buena música o alguna otra cosa que nos anime y nos proporcione inspiración, de elevar nuestras naturalezas y acercarnos a nuestras almas, y solo con eso nos traerán paz y nos aliviarán de nuestros sufrimientos. Curarán, no atacando la enfermedad, sino llenando nuestros cuerpos de las maravillosas vibraciones de nuestra naturaleza superior, en presencia de la cual la enfermedad se funde como la nieve al sol.

Finalmente, la forma en que cambiará la actitud del paciente en cuanto a la salud y la enfermedad.

La idea de que el alivio se consigue pagando oro o plata debe desaparecer de nuestras mentes. La salud, como la vida, es de origen divino y solo puede lograrse mediante medios divinos. El dinero, el lujo, los viajes puede que desde fuera parezca que pueden comprarnos una mejora de nuestro bienestar físico, pero esas cosas nunca nos proporcionarán la verdadera salud.

El paciente del futuro tendrá que entender que él y solo él es el único que puede aliviar su sufrimiento, aunque puede obtener consejo y ayuda de alguna persona mayor para asistirle en su esfuerzo.

La salud existe cuando hay una perfecta armonía entre el alma, la mente y el cuerpo y esa armonía debe lograrse antes de que se produzca la curación.

En el futuro nadie se enorgullecerá de estar enfermo. Al contrario, la gente se avergonzará de la enfermedad como si fuera un crimen.

Ahora quiero apuntar dos actitudes que están creando más enfermedades en este país que ninguna otra causa por sí sola. Son los grandes defectos de nuestra civilización: la avaricia y la idolatría.

La enfermedad nos llega como forma de corrección. Nosotros nos la provocamos; es el resultado de nuestros actos y pensamientos erróneos. Si corregimos nuestros defectos y vivimos en armonía con el Plan Divino, la enfermedad nunca nos visitará.

En nuestra civilización la avaricia lo ensombrece todo. Avaricia de riquezas, de posición, de clase, de honores mundanos, de comodidades, de popularidad... Pero todas estas cosas no importan mucho porque, en comparación con lo verdaderamente trascendental, son inofensivas.

La peor avaricia de todas es la de poseer a otra persona. Cierto que es común entre nosotros y que hemos acabado viéndolo como algo normal. Pero eso no mitiga toda su maldad, porque el deseo de poseer y de influenciar a otra persona o personalidad es una usurpación del poder de nuestro Creador.

¿Cuántos amigos o parientes que sean absolutamente libres puede nombrar? ¿Cuántos no están atados, influenciados o controlados por otro ser humano? ¿Cuántos hay que puedan decir todos los días de todos los meses de todos los años: «yo solo obedezco los dictados de mi alma, que no están influenciados por otras personas»?

Pero todos nosotros tenemos un alma libre que solo responde ante Dios por nuestras acciones e incluso por nuestros pensamientos.

Posiblemente la mayor lección de la vida es aprender a vivir con libertad. Libertad de cualquier circunstancia, entorno, de otras personalidades y sobre todo de nosotros mismos, porque hasta que no seamos libres seremos incapaces de darnos y servir a nuestros semejantes.

Hay que recordar siempre que aunque suframos enfermedades o apuros, aunque estemos rodeados de amigos y familiares que nos agobien, aunque tengamos que vivir entre personas que nos dan órdenes e intentan dictar lo que tenemos que hacer, que interfieren en nuestros planes y dificultan nuestros progresos, seguimos siendo nosotros la causa de todo, porque todavía queda en nuestro interior algo que nos empuja a limitar la libertad de otro o porque no tenemos el coraje suficiente para reclamar nuestra propia individualidad, nuestros derechos de nacimiento.

En el momento en que nosotros le demos total libertad a todo lo que nos rodea, cuando ya no tengamos deseos de atar y limitar, cuando ya no esperemos nada de nadie, cuando nuestro único pensamiento sea dar sin pedir nunca, nos veremos libres de todo este mundo: los vínculos desaparecerán, las cadenas se romperán y por primera vez en nuestras vidas conoceremos la exquisita felicidad de la perfecta libertad. Libres de cualquier restricción humana, solo un siervo dispuesto y alegre de nuestro Ser Superior.

El poder posesivo se ha desarrollado tanto en Occidente que las personas tienen que sufrir una grave enfermedad antes de reconocer su error y corregir su camino. Y seguiremos sufriendo según el tipo y la gravedad de la dominación que ejercemos sobre otro durante todo el tiempo que continuemos usurpando un poder que no le pertenece al hombre.

La libertad absoluta es nuestro derecho de nacimiento, pero solo podremos obtenerlo cuando le demos la libertad a todas las almas vivientes que se crucen en nuestras vidas, porque así recogeremos lo que sembramos y verdaderamente «con la medida con que medimos, nos será medido».

De la misma forma que frustramos nosotros la vida de otros, sean jóvenes o viejos, así reaccionará la vida contra nosotros. Si limitamos sus actividades, encontraremos nuestros cuerpos limitados con rigideces; si además les causamos dolor y sufrimientos deberemos prepararnos para soportar lo mismo hasta que rectifiquemos. No hay enfermedad, por grave que sea, que no implique que necesitamos comprobar nuestras acciones y alterar nuestros caminos.

Aquellos que estén sufriendo a manos de otros deben tener coraje, porque eso significa que han alcanzado la fase en la que se les quiere enseñar a conseguir su libertad, y el dolor y el sufrimiento que están soportando ahora solo es para enseñarles a corregir su error. En cuanto se den cuenta de él y lo corrijan, los problemas habrán terminado.

La forma de prepararse para esta tarea es practicando una bondad exquisita: nunca pensar, decir o ceder ante el impulso de hacer daño a otro. Hay que recordar que todos estamos trabajando para lograr nuestra propia salvación, que vamos por la vida aprendiendo lecciones para lograr la perfección de nuestra alma, y que todos debemos hacerlo por nosotros mismos, aprendiendo de nuestras experiencias, enfrentándonos a los escollos del mundo y, con nuestro propio esfuerzo, encontrando el camino que lleva a la cumbre de la montaña. Lo máximo que podemos hacer es, cuando tengamos más conocimientos y experiencia que otra persona más joven, intentar guiarla con delicadeza. Si nos escucha, perfecto; si no deberemos esperar pacientemente hasta que adquiera más experiencia para poder mostrarle su error cuando vuelva a nosotros en busca de ayuda. Debemos esforzarnos en ser tranquilos, amables y estar dispuestos a ayudar a quien lo necesite pacientemente. Lo ideal sería movernos entre el resto de los humanos como una corriente de aire o un rayo de sol: siempre listos para ayudarles cuando lo pidan, pero nunca forzándoles a compartir nuestra forma de ver las cosas.

El otro gran inconveniente para la salud que es muy común en estos tiempos y que supone uno de los mayores obstáculos que los médicos se encuentran en su intento por curar es el escollo que surge en forma de idolatría. Cristo dijo: «No se puede servir a Dios y a los ídolos», pero el servicio a los ídolos es uno de los mayores muros que nos encontramos.

Hubo un ángel, un ángel glorioso y magnífico que se le apareció a san Juan y san Juan se postró para adorarle, pero el ángel le dijo: «No lo hagas. Yo soy un siervo como tú y como tus hermanos. ¡Adora solo a Dios!». Pero aún hoy decenas de miles de personas no adoran a Dios, ni a este ángel poderoso, sino a otras personas. Puedo asegurar que una de las mayores dificultades que tiene que superar alguien que sufre es su adoración a otro mortal.

Es muy común la expresión: «Tengo que preguntarle a mi padre (o mi hermana o mi marido)». Qué tragedia. Pensar que un alma humana que está en pleno desarrollo de su evolución divina tiene que pararse a pedirle permiso a un viajero igual que él. ¿A quién cree que le debe su origen, su ser, su vida: al otro viajero o a su Creador?

Debemos comprender que tenemos que responder por nuestras acciones y por nuestros pensamientos ante Dios y solo ante Él. Y que permitir que nos influencien, obedecer o simplemente tener en cuenta los deseos de otro mortal también es idolatría. Y la pena es severa: nos ata con cadenas, nos mete en prisiones y confina toda nuestra vida. Y así debe ser porque eso es lo que merecemos si escuchamos los dictados de un ser humano cuando nuestro propio ser solo debería obedecer una orden: la de nuestro Creador que nos dio la vida y el entendimiento.

No hay duda de que una persona que antepone su deber, su esposa, sus hijos, su padre, o su amigo es un idólatra y está sirviendo a los ídolos, no a Dios.

Recuerden las palabras de Cristo: «¿Quiénes son mi madre y mis hermanos?», que implican que incluso nosotros, pequeños e insignificantes como somos, estamos aquí para servir a nuestros hermanos, a la humanidad, al mundo en general, y nunca, ni durante un breve momento, debemos estar bajo los dictados y las órdenes de otro ser humano que vayan en contra de lo que sabemos que son los mandatos de nuestras almas.

Seamos capitanes de nuestras almas, maestros de nuestros destinos, lo que significa que debemos dejarnos guiar completamente por la divinidad que hay en nuestro interior sin dejar que haya interferencias de otras personas o circunstancias, siempre viviendo de acuerdo a las leyes de Dios y solo respondiendo ante Él, que nos dio la vida.

Un detalle más que debo mencionar para que lo tengan en cuenta. Hay que recordar siempre el mandamiento que Cristo le dio a sus discípulos: «No resistáis al mal». La enfermedad y los errores no se pueden eliminar presentando una batalla directa, sino reemplazándolos por algo bueno. La oscuridad desaparece con la luz, no con una oscuridad mayor; el odio se elimina con amor, la crueldad con compasión y lástima, y la enfermedad con salud.

Nuestro objetivo es darnos cuenta de nuestros errores y comprometernos a desarrollar la virtud opuesta y de esta forma el defecto o error desaparecerá de nosotros como la nieve que se funde bajo el sol. No debemos luchar con nuestras preocupaciones, ni enfrentarnos a la enfermedad, ni forcejear con las limitaciones físicas, sino olvidarlo todo y concentrarnos en desarrollar la virtud que necesitamos.

En resumen, ahora podemos ver el poderoso papel que representará la homeopatía en la erradicación de la enfermedad en el futuro.

Al fin hemos llegado a comprender que la enfermedad es ese «semejante que cura a otro semejante»: la enfermedad es decisión nuestra para que nos corrijamos por nuestro bien último y es algo que podemos evitar si aprendemos las lecciones necesarias y corregimos nuestros errores antes de que la lección más dura, el sufrimiento, se vuelva necesaria. Esta es la continuación natural del gran trabajo de Hahnemann: la secuencia de esta línea de pensamiento que él descubrió y que nos ha llevado a dar un paso más hacia la comprensión perfecta de la enfermedad y la salud, que supone el paso intermedio para superar el vacío entre dónde él nos dejó y el amanecer del día en que la humanidad alcance el estado de evolución en el que podamos recibir directamente la gloria de la curación divina.

Un médico que comprenda esto, que seleccione bien los remedios extraídos de las plantas beneficiosas de la naturaleza, esas que Dios ha enriquecido y bendecido, podrá ayudar a sus pacientes a abrir los canales que permiten una mejor comunicación entre el alma y el cuerpo y de esa forma el desarrollo de las virtudes necesarias para eliminar todos los defectos. Esto le traerá a la humanidad la esperanza de la verdadera salud combinada con un avance mental y espiritual.

En cuanto a los pacientes, será necesario que estén preparados para enfrentarse a la verdad de que la enfermedad es solo y exclusivamente consecuencia de los errores que hay en sí mismos, igual que el precio que hay que pagar por los pecados es la muerte. Deberán tener el deseo de corregir esos fallos, de vivir una vida mejor y más útil, y darse cuenta de que la curación depende de su propio esfuerzo, aunque siempre puedan acudir al médico para que les guíe y les ayude con sus problemas.

Ya no se puede obtener la salud mediante un pago en oro, igual que un niño no puede pagar por una educación. No hay cantidad de dinero que le pueda enseñar al niño a escribir; tendrá que aprender por sí solo, guiado por un profesor experimentado. Ocurre lo mismo con la salud.

Hay dos mandamientos fundamentales: «Ama a Dios» y «Ama al prójimo». Permitámonos desarrollar nuestra individualidad para obtener la libertad completa con el fin de servir a la divinidad que hay en nuestro interior y solo a ella, darles a los demás su libertad absoluta y servirles en todo lo que esté en nuestra mano de acuerdo con los dictados de nuestras almas, siempre recordando que según crece nuestra propia libertad, crecerá también nuestra capacidad para servir a nuestros semejantes.

Para ello tenemos que enfrentarnos al hecho de que la enfermedad es totalmente decisión nuestra y que la única cura es corregir nuestros errores. La curación verdadera reside en ayudar al paciente a poner su alma, su mente y su cuerpo en armonía. Y esto solo puede hacerlo él mismo, aunque le pueda servir de gran ayuda el consejo y la asistencia de otra persona con mayor experiencia.

Como afirmó Hahnemann, toda curación que no surge del interior es nociva. Y toda curación aparente del cuerpo obtenida mediante medios materiales y por la acción de los demás, sin poner nada de nuestra parte, puede que traiga alivio físico, pero daña nuestra naturaleza superior porque la lección continúa sin aprenderse y el defecto no ha sido erradicado.

Es terrible pensar en la cantidad de curaciones artificiales y superficiales que se pueden obtener en la medicina de hoy en día con dinero y con los métodos equivocados. Estos métodos son erróneos porque simplemente suprimen los síntomas y dan un alivio aparente sin eliminar la causa.

La curación debe venir de nosotros mismos al reconocer y corregir nuestros errores y ponernos de nuevo en armonía con el Plan Divino. Ya que el Creador ha colocado en esta tierra ciertas hierbas enriquecidas de forma divina para ayudarnos a lograr la victoria, usémoslas lo mejor que podamos para ayudarnos a escalar la montaña de nuestra evolución hasta el día en que alcancemos la cumbre de la perfección.

Hahnemann se dio cuenta de la verdad que hay en la afirmación «lo semejante cura a otro semejante», que reside en que la enfermedad cura los errores, que la verdadera curación está un nivel más arriba que esto, y que el amor y sus atributos expulsan cualquier mal.

En la verdadera curación no debe utilizarse nada que alivie al paciente de su propia responsabilidad; al contrario, se deben adoptar métodos que le ayuden a superar sus errores.

Ahora sabemos que ciertos remedios de la farmacopea homeopática tienen el poder de elevar nuestras vibraciones y así producir una unión más fuerte entre nuestro ser mortal y espiritual que en último término producirá la curación al crear una mejor armonía.

Y finalmente, nuestro trabajo es purificar la farmacopea e ir añadiendo nuevos remedios hasta que solo contenga aquellos que sean beneficiosos y útiles para subir el ánimo.

Cómo liberarse uno mismo de la enfermedad

Capítulo I

La historia de la vida es así de simple

Una niña pequeña ha decidido hacer el dibujo de una casa para el cumpleaños de su madre. En su mente la casa ya está dibujada; la ve claramente y conoce hasta el más mínimo detalle, solo tiene que plasmarla en el papel.

Termina el dibujo a tiempo para el cumpleaños. Le ha dado forma a la idea que tenía de la casa lo mejor que ha podido. Es una obra de arte porque la ha hecho ella misma, cada pincelada la ha dado por el amor que siente hacia su madre, y cada ventana y cada puerta la ha pintado con la convicción de que ese es el lugar donde deben estar. Aunque parezca un pajar, es la casa más perfecta que ha pintado en su vida. Es un éxito porque la pequeña artista ha puesto al pintarla todo su corazón y su alma, todo su ser.

Esto es salud, éxito, felicidad y verdadero servicio a los demás; el servicio a través del amor en perfecta libertad según la forma de cada uno.

Nosotros llegamos a este mundo sabiendo el dibujo que queremos hacer, con nuestro camino en la vida ya trazado, y todo lo que nos queda por hacer es darle una forma material. Entramos aquí llenos de alegría y de interés, concentrando toda nuestra atención en el perfeccionamiento de ese dibujo y traduciendo nuestros pensamientos y propósitos lo mejor que podemos en la vida física dentro del entorno que hayamos elegido.

Si seguimos desde el principio hasta el final con todas nuestras fuerzas nuestros propios ideales, nuestros propios deseos, no podrá haber fracasos, nuestra vida será un rotundo éxito, una vida saludable y feliz.

Con esta misma historia sobre la niña pintora podemos ilustrar cómo las dificultades de la vida interfieren, si se lo permitimos, en ese éxito, esa felicidad y esa salud para impedirnos alcanzar nuestros propósitos.

La niña está ocupada haciendo el dibujo muy contenta cuando alguien se le acerca y le dice: «¿Por qué no pones una ventana aquí y una puerta ahí? Y el camino del jardín debería ir en esa dirección». El resultado es que la niña pierde totalmente el interés por el dibujo; es posible que siga con él, pero ahora solo está plasmando las ideas de otra persona en el papel. Ante estas sugerencias se puede mostrar enfadada, irritada, infeliz o tener miedo a negarse a ponerlas en práctica. Entonces empezará a odiar el dibujo y tal vez incluso lo rompa (dependiendo del tipo de niña de la que se trate, seguramente esta será la reacción más probable).

El dibujo que queda al final seguramente es una casa reconocible, pero será imperfecta y un fracaso porque es la interpretación de las ideas de otra persona, no las de la niña. Ya no le sirve como regalo porque no ha llegado a tiempo al cumpleaños de su madre y ella no va a esperar todo un año para recibir su regalo.

Esto es la enfermedad, una reacción ante una interferencia. Es un fracaso temporal y una infelicidad que sucede cuando permitimos que otros interfieran en nuestro propósito en la vida e introduzcan dudas, miedos o indiferencia en nuestras mentes.

Capítulo II

La salud depende de que nosotros estemos en armonía con nuestras almas

Es esencial comprender el verdadero significado de salud y enfermedad.

La salud es nuestra herencia y nuestro derecho. Es la unión completa y total entre el alma, la mente y el cuerpo. No se trata de un ideal lejano y difícil de alcanzar, sino de uno fácil y natural al que muchos de nosotros no le damos importancia.

Todas las cosas terrenas no son más que la interpretación de las cosas espirituales. La más pequeña e insignificante incidencia tiene un propósito divino detrás.

Cada uno de nosotros tenemos un misión divina en este mundo y nuestras almas, mentes y cuerpos son los instrumentos para realizar ese trabajo. Por eso cuando los tres trabajan al unísono el resultado es la salud y la felicidad perfectas.

Una misión divina no implica ningún sacrificio, ningún aislamiento del mundo, ningún rechazo de las alegrías de la belleza y la naturaleza; al contrario, es un disfrute mayor de todas las cosas. Significa hacer las tareas de la casa, o sembrar las cosechas, o pintar, o actuar o proporcionar algún servicio a nuestros semejantes en cualquier casa o tienda. Y ese trabajo, sea el que sea, si lo disfrutamos por encima de todo, es el mandato de nuestras almas, la tarea que hemos venido a hacer a este mundo y en la única en que podemos ser nosotros mismos interpretando de forma material el mensaje de nuestro propio ser.

Por nuestra salud y nuestra felicidad podemos evaluar lo bien que estamos interpretando ese mensaje.

En el hombre perfecto están todos los atributos espirituales y venimos a este mundo a ponerlos de manifiesto para perfeccionarlos y reforzarlos de forma que ninguna experiencia o dificultad pueda debilitarnos o desviarnos de la consecución de este propósito. Elegimos una ocupación terrenal y las circunstancias externas que nos proporcionan las mejores oportunidades de ponernos a prueba hasta el límite. Venimos a este mundo siendo totalmente conscientes de nuestra tarea particular, con el increíble privilegio de saber que todas nuestras batallas están ganadas antes de librarlas, que la victoria es segura antes incluso de que nos pongan a prueba porque sabemos que somos hijos del Creador y que por ello somos divinos, inconquistables e invencibles. Sabiendo esto la vida es todo felicidad; los apuros y las experiencias no son más que aventuras que se desvanecen como la neblina cuando sale el sol y no nos queda más que darnos cuenta de nuestro poder, nuestra divinidad.

Dios les ha dado a sus hijos dominio sobre todas las cosas. Solo tenemos que escuchar: nuestras almas nos guiarán en cualquier circunstancia y cualquier dificultad y dirigirán a la mente y el cuerpo para que pasen por la vida irradiando felicidad y una salud perfecta, libres de todas las preocupaciones y responsabilidades como un niño pequeño que confía plenamente.

Capítulo III

Nuestras almas son perfectas porque somos hijos del Creador y todo lo que ellas nos dicen que hagamos es por nuestro bien

La salud es la verdadera consciencia de todo lo que somos. Somos perfectos: somos hijos de Dios. No necesitamos esforzarnos para conseguir lo que ya es nuestro. Solamente estamos aquí para manifestar de forma material la perfección con la que nos dotaron desde el principio de los tiempos. La salud es escuchar únicamente los mandatos de nuestras almas, es confiar plenamente como los niños pequeños, es rechazar nuestro intelecto (ese árbol del conocimiento del bien y del mal) con todos sus razonamientos, sus «pros», sus «contras» y sus anticipaciones e ignorar las convenciones, las ideas triviales y los mandatos de otras personas para que podamos pasar por la vida intactos, sin daño alguno, libres para servir a nuestros semejantes.

Podemos juzgar nuestra salud en función de nuestra felicidad, y según nuestro nivel de felicidad podremos saber si estamos obedeciendo los dictados de nuestras almas. No es necesario convertirse en monje o monja o apartarse del mundo; el mundo está ahí para que nosotros lo disfrutemos y le sirvamos, y solo sirviendo a los demás llenos de amor y felicidad podremos ser realmente útiles y hacer la mejor tarea posible. Algo que se hace por sentido del deber y tal vez también con irritación e impaciencia no sirve para nada, solo es un precioso tiempo perdido mientras hay por ahí algún otro ser humano que realmente necesita nuestra ayuda.

No hace falta analizar, discutir o envolver la verdad con muchas palabras. Todo el mundo la comprende en un segundo, porque es parte de cada uno de nosotros. Solo necesitamos convencernos de las cosas complicadas y no esenciales de la vida que nos han llevado al desarrollo del intelecto. Las cosas que cuentan son simples y son aquellas de las que decimos: «Vaya, eso es verdad y parece que lo he sabido siempre». Darse cuenta de que la felicidad nos llega cuando estamos en armonía con nuestro ser espiritual y de que cuánto más cercana sea la unión, más intensa será la felicidad es igual de fácil. Piensen en lo radiante que a veces parece una novia en la mañana de su boda o el arrobamiento de una madre mirando a su bebé recién nacido o el éxtasis de un artista al completar una obra maestra; los momentos de unión espiritual son igual.

Imaginen lo maravillosa que sería la vida si todos nosotros viviéramos envueltos en una alegría como esa. Eso es posible cuando nos sumergirnos hasta perdernos en la tarea de nuestra vida.

Capítulo IV

Si seguimos nuestros instintos, nuestros deseos, nuestros pensamientos y nuestros anhelos nunca conoceremos otra cosa que salud y felicidad

No es un logro lejano y difícil el poder llegar a escuchar la voz de nuestra propia alma; es tan simple para nosotros que no tenemos que hacer más que aceptarlo. La simplicidad es la clave de toda la creación.

Nuestra alma (esa vocecilla queda, la voz del mismo Dios) nos habla a través de la intuición, de los instintos, los deseos, los ideales, las cosas que nos gustan y las que no... De la forma que nos resulta más fácil escucharla a cada uno. ¿Cómo podría Él hablarnos si no? Nuestros verdaderos instintos, anhelos o gustos se nos dan para que podamos interpretar los mandatos espirituales de nuestra alma a través de nuestras limitadas percepciones físicas, porque a muchos de nosotros no nos es posible estar en comunión directa con nuestro Ser Superior. La intención es que sigamos estos mandatos de forma implícita, porque el alma por sí sola sabe qué experiencias son necesarias para una personalidad en concreto. Sea el que sea el mandato, trivial o importante (las ganas de tomar otra taza de té o un cambio total en los hábitos de vida), debemos obedecerlo sin rechistar. El alma sabe que la saciedad es la verdadera cura para todo lo que nosotros en este mundo consideramos pecado y erróneo, porque ese fallo no está erradicado hasta que todo nuestro ser se subleva en contra de un acto, simplemente se queda latente; así que es mucho mejor y más rápido ir a la cocina y no dejar de meter el dedo en el bote de la mermelada hasta que estemos tan hartos de ella que ya no nos atraiga nunca más.

Nuestros verdaderos deseos, los anhelos de nuestro verdadero yo, no deben confundirse con los deseos y anhelos de otras personas (que tan a menudo se ven implantados en nuestras mentes) o de nuestra conciencia, que solo es otra palabra para describir lo mismo. No debemos prestarle atención a la interpretación que hace el mundo de nuestras acciones. Solo nuestra propia alma es responsable de nuestro bien y nuestra reputación está en manos de Dios. Podemos descansar tranquilos sabiendo que solo hay un pecado: no obedecer los dictados de nuestra propia divinidad. Ese es un pecado contra Dios y contra nuestro prójimo. Esos deseos, anhelos e intuiciones nunca son egoístas; solo nos incumben a nosotros y siempre están bien para cada uno. Por eso nos traen salud a cuerpo y mente.

La enfermedad es el resultado en el cuerpo físico de la resistencia de la personalidad a la guía que nos proporciona nuestra alma. Se produce cuando hacemos oídos sordos a esa «vocecilla queda» y olvidamos a la divinidad que hay en el interior de nosotros. Intentamos imponerles nuestros deseos a otros o dejamos que sus sugerencias, sus pensamientos y sus mandatos tengan influencia sobre nosotros.

Cuanto más nos liberamos de las influencias externas de otras personalidades, mejor puede utilizarnos nuestra alma para hacer la tarea que Él ha elegido para nosotros.

Solo cuando intentamos controlar y mandar sobre otra persona es cuando estamos siendo egoístas. Pero el mundo intenta decirnos que lo que es egoísmo es actuar según nuestros propios deseos. Eso se debe a que el mundo quiere esclavizarnos, porque es solamente cuando nos reconocemos y libramos a nuestro yo de todas las trabas cuando podemos trabajar por el bien de la humanidad. Una gran verdad que ya dijo Shakespeare: «Y, sobre todo, sé fiel a ti mismo, pues de ello se sigue, como el día a la noche, que no podrás ser falso con nadie».

La abeja, al escoger una flor en particular para hacer su miel, es también el medio utilizado para traerle el polen necesario para la vida futura de las jóvenes plantas.

Capítulo V

Permitir interferencias de otras personas que no nos dejan escuchar los dictados de nuestra propia alma hará que se ceben en nosotros la falta de armonía y la enfermedad. En cuanto el pensamiento de otra persona entra en nuestras mentes, nos desvía de nuestro verdadero curso

Dios nos dio a todos en el momento del nacimiento una individualidad. Nos dio nuestra propia tarea que cumplir, que solo nosotros podemos llevar a cabo. Y también nos dio nuestro propio camino para seguir, en el que nada debería interferir. Y es tarea nuestra no solo no permitir ninguna interferencia, sino también lo que es más importante, procurar no interferir en el camino de ningún otro ser humano. En esta tarea reside la verdadera salud, el verdadero servicio y el cumplimiento de nuestro propósito en la tierra.

Las interferencias se producen en todas las vidas, son parte del Plan Divino; son necesarias para que aprendamos a resistir ante ellas. De hecho podemos verlas como oponentes útiles que solo están ahí para ayudarnos a aumentar nuestras fuerzas y a percatarnos de nuestra divinidad y nuestra invencibilidad. Nos daremos cuenta de que cuando dejamos que nos afecten, adquieren importancia y tienden a boicotear nuestros progresos. Depende únicamente de nosotros la rapidez con la que progresemos; si dejamos que algo interfiera en nuestra misión divina, si aceptamos la manifestación de esa interferencia (también denominada enfermedad) y permitimos que limite o dañe nuestros cuerpos, o si nosotros, como hijos de Dios, utilizamos estas interferencias para afianzarnos con más firmeza en nuestro propósito.

Cuantas más dificultades aparentes surjan en nuestro camino, más seguros podremos estar de que nuestra misión merece la pena.

Florence Nightingale alcanzó su ideal a pesar de la oposición de toda una nación; Galileo siguió creyendo que la Tierra era redonda a pesar de que todo el mundo le contradecía; y el patito feo se convirtió en un cisne a pesar de las burlas de toda su familia.

No tenemos derecho a interferir en la vida de ninguno de los hijos de Dios. Cada uno de nosotros tiene su tarea y tiene el poder y el conocimiento para realizarla a la perfección. Solo cuando olvidamos esto e intentamos imponerle a la fuerza nuestra tarea a los demás o les dejamos interferir en la nuestra es cuando surge la fricción y la falta de armonía.

Esta falta de armonía, la enfermedad, se manifiesta en el cuerpo, porque el cuerpo es el reflejo de la obras del alma, igual que la cara muestra la felicidad con sonrisas o el mal humor con ceños fruncidos. Ocurre lo mismo con las cosas más importantes: el cuerpo refleja las verdaderas causas de la enfermedad (que suelen ser el miedo, la indecisión, la duda, etc.) mediante el desarreglo de los sistemas y los tejidos.

Por todo esto la enfermedad es el resultado de la interferencia, tanto la de otra persona en nuestras vidas como la nuestra en las vidas de otros.

Capítulo VI

Todo lo que tenemos que hacer es preservar nuestra personalidad, vivir nuestra propia vida, ser los capitanes de nuestro propio barco y así todo irá bien.

Hay grandes cualidades que todos los hombres van perfeccionando gradualmente, concentrándose en una o dos cada vez. Son las mismas que se han manifestado en las vidas terrenales de los grandes maestros que han venido a este mundo en diferentes épocas para enseñarnos y ayudarnos a ver las formas fáciles y simples que existen para superar las dificultades.

Estas cualidades son:

— EL AMOR.
— LA COMPASIÓN.
— LA PAZ.
— LA INQUEBRANTABILIDAD.
— LA AMABILIDAD.
— LA FUERZA.
— LA COMPRENSIÓN.
— LA TOLERANCIA.
— LA SABIDURÍA.
— EL PERDÓN.
— EL CORAJE.
— LA FELICIDAD.

Al perfeccionar estas cualidades en nosotros mismos cada uno eleva a todo el mundo un paso más hacia un objetivo final glorioso e increíble. Nos damos cuenta de que no buscamos ningún logro egoísta de mérito personal, sino que todos y cada uno de los seres humanos, rico o pobre, superior o inferior, tienen la misma importancia en el Plan Divino y a todos se les ha dado el mismo poderoso privilegio de ser salvadores de este mundo simplemente por saber que son hijos perfectos del Creador.

Igual que existen estas cualidades, estos pasos hacia la perfección, también hay obstáculos o interferencias que sirven para reforzar nuestra determinación de permanecer firmes.

Estas son las verdaderas causas de la enfermedad:

— LA CONTENCIÓN.
— EL MIEDO.
— LA INQUIETUD.

— La Indecisión.
— La Indiferencia.
— La Debilidad.
— La Duda.
— El Exceso de entusiasmo.
— La Ignorancia.
— La Impaciencia.
— El Terror.
— El Dolor espiritual.

Si se lo permitimos, todo esto se reflejará en nuestro cuerpo causando lo que denominamos enfermedad. Hasta el momento no hemos comprendido las verdaderas causas y hemos atribuido esta falta de armonía a influencias externas, gérmenes, frío, calor, etc. y le hemos puesto nombre a los resultados: artritis, cáncer, asma…, siempre pensando que la enfermedad empieza en el cuerpo físico.

Hay claramente diferentes grupos dentro de la humanidad y cada grupo realiza su propia función: manifestar en el mundo material la lección que han aprendido. Cada individuo dentro de estos grupos tiene una personalidad propia definida, una tarea clara que hacer y una forma individual de llevarla a cabo. También hay causas de falta de armonía que, a menos que nos aferremos a nuestra personalidad definida y a nuestra tarea, pueden afectar a nuestro cuerpo en forma de enfermedad.

La verdadera salud es la felicidad y la felicidad es muy fácil de conseguir, porque está en las cosas pequeñas: hacer las cosas que nos encanta hacer, estar con la gente que nos gusta de verdad. No hay ninguna presión, no hace falta hacer ningún esfuerzo ni luchar por nada; la salud está ahí para que nosotros la aceptemos siempre que queramos. Nosotros estamos hechos para encontrar la forma de conseguirla y realizar nuestra tarea. Pero muchos reprimen sus verdaderos deseos e intentan ser peces que sobreviven fuera del agua: siguiendo los deseos de su padre, un hijo se convertirá en abogado, soldado, ejecutivo o cualquier otra cosa, aunque su verdadero deseo sea ser carpintero; por las ambiciones de una madre de ver a su hija bien casada, el mundo puede estar a punto de perder a otra Florence Nightingale. Este sentido del deber es falso, supone un flaco servicio al mundo y acaba en la infelicidad y probablemente en una gran parte de la vida desperdiciada antes de que se rectifique el error.

Un Maestro dijo una vez: «¿No sabíais que tengo que ocuparme de los asuntos de mi Padre?», queriendo decir que Él debía obedecer a Dios y no a sus padres terrenales.

Lo que debemos hacer es encontrar lo que más nos atraiga en la vida y hacerlo; que eso forme parte de nosotros tan íntimamente que nos resulte tan natural como respirar, tan natural como es hacer miel para una abeja o para un árbol mudar las hojas en otoño y hacer nacer nuevas en primavera. Si estudiamos la naturaleza veremos que todas las criaturas (los pájaros, los árboles y las flores) tienen un papel definido que representar y su propia tarea concreta y peculiar con la que contribuyen y enriquecen todo el Universo. Un simple gusano entretenido en su tarea diaria ayuda a drenar y purificar la tierra; la tierra le proporciona nutrientes a todas las plantas verdes, y a su vez la vegetación alimenta a la humanidad y a todas las criaturas vivientes, que a su debido tiempo vuelven a la tierra para enriquecerla. Su vida está llena de belleza y de utilidad y su tarea es tan natural para ellos como su propia vida.

Y nuestra propia tarea, cuando la descubrimos, nos pertenece, por eso encaja con nosotros y nos resulta sencilla, no nos procura ningún esfuerzo y nos da felicidad; nunca nos cansamos de ella, es como un hobby. Es una demostración de nuestra verdadera personalidad, porque todos nuestros talentos y capacidades están en nuestro interior esperando para manifestarse. Al hacer nuestra tarea somos felices y nos sentimos como en casa y solo cuando somos felices (lo que no nos exige más que obedecer los mandatos de nuestra alma) es cuando podemos hacer nuestra mejor tarea.

Y si ya hemos encontrado nuestra tarea adecuada, la vida solo es diversión. Algunas personas tienen la seguridad desde pequeños de lo que están destinados a ser y eso les acompaña durante toda su vida. Algunos lo encuentran en la infancia, pero las sugerencias o críticas de otros o las circunstancias los apartan de ello. Pero siempre hay tiempo de volver a nuestros ideales aunque no nos demos cuenta de cuáles son inmediatamente; podemos seguir buscándolos y la sola búsqueda nos reportará equilibrio, porque nuestras almas tienen mucha paciencia con nosotros. El deseo correcto, el motivo adecuado, sin importar cuál sea el resultado, es lo que cuenta, el verdadero éxito.

Así que si usted preferiría ser granjero antes que abogado, o barbero en vez de conductor de autobús, o cocinero en vez de tendero, cambie de trabajo, sea lo que desea ser. De esa forma conseguirá estar bien y feliz, trabajará con entusiasmo y hará mejor trabajo como granjero, barbero o cocinero de lo que podría hacer en el otro trabajo que nunca fue adecuado para usted.

Así estará obedeciendo los dictados de su ser espiritual.

Capítulo VII

Una vez que nos damos cuenta de nuestra divinidad, el resto es fácil

En el principio, Dios le dio al hombre dominio sobre todas las cosas. El hombre, el hijo del Creador, tiene una razón más fuerte para su falta de armonía que una corriente que llegue desde una ventana abierta. Nuestro «error no está en las estrellas, sino en nosotros mismos». ¡Qué llenos de gratitud y de esperanza podríamos estar si nos diéramos cuenta de que la curación está en nuestro interior! Si eliminamos la falta de armonía, el miedo, el terror, la indecisión y conseguimos la armonía entre la mente y el alma, el cuerpo volverá a ser perfecto en todas sus partes.

Sea cual sea la enfermedad, el resultado de esa falta de armonía, podemos estar seguros de que la curación queda a nuestro alcance por nuestros propios medios, porque nuestras almas nunca nos van a pedir más de lo que podemos hacer sin dificultad.

Todos nosotros somos sanadores, porque cada uno de nosotros en el fondo del corazón tenemos amor por algo (por los demás, por los animales, por la naturaleza, por alguna forma de belleza) y queremos proteger y ayudar a crecer a ese algo. También todos tenemos compasión por aquellos que sufren. Eso es natural, porque todos hemos sufrido en algún momento de nuestra vida. Por ello no solo podemos curarnos a nosotros mismos, sino que también tenemos el gran privilegio de poder ayudar a otros a curarse. La única cualificación que tenemos que tener para ello es el amor y la compasión.

Nosotros, como hijos del Creador, tenemos en nuestro interior toda la perfección y hemos venido a este mundo solo para darnos cuenta de nuestra divinidad, para que todas esas pruebas y experiencias pasen sin tocarnos porque a través del poder divino todas las cosas son posibles para nosotros.

Capítulo VIII

Las hierbas curativas son aquellas que tienen el poder de ayudarnos a preservar nuestra personalidad

Igual que Dios nos ha dado comida para alimentarnos, Él también ha colocado entre las hierbas de los campos unas plantas maravillosas que nos curan cuando estamos enfermos. Están ahí para tender al hombre una mano en las horas oscuras en las que pierde de vista a la divinidad y permite que la nube de miedo y dolor le oscurezca la visión.

COMO LIBERARSE UNO MISMO DE LA ENFERMEDAD   135

Estas hierbas son:

Achicoria *(Cichorium intybus)*
Mímulo *(Mimulus luteus)*
Agrimonia o Hierba de san Guillermo *(Agrimonia Eupatoria)*
Escleranto *(Scleranthus annuus)*
Clemátide *(Clematis vitalba)*
Centáurea menor *(Erythraea Centaurium)*
Genciana *(Gentiana amarella)*
Verbena *(Verbena Officinalis)*
Ceratostigma *(Ceratostigma Willmottiana)*
Impaciencia o Hierba de santa Catalina *(Impatiens Royalei)*
Heliántemo o Tamarilla *(Helianthemum Vulgare)*
Violeta de agua *(Hottonia Palustris)*

Cada hierba se corresponde con una de las cualidades y su propósito es reforzarla para que la personalidad se eleve por encima de todos los errores que suponen un escollo para cada uno de nosotros.

Capítulo IX
La verdadera naturaleza de la enfermedad

Para la verdadera curación no importan ni la naturaleza ni el nombre de la enfermedad física. La enfermedad del cuerpo no es más que el resultado de la falta de armonía entre el alma y la mente. Solo es un síntoma de la causa, y como la causa se manifestará de forma diferente en cada individuo, debemos eliminar la causa y los resultados posteriores, sean los que sean, desaparecerán automáticamente.

Se puede comprender esto con más claridad tomando como ejemplo el suicidio. No todos los suicidas deciden ahogarse; algunos se tiran desde algún lugar alto, otros toman veneno, pero detrás de todos estos actos está la desesperación. Si ayudamos a estas personas a superar su desesperación y a encontrar a alguien o algo por lo que vivir, quedarán curados de forma permanente. Si les quitamos el veneno solamente les salvaremos por un tiempo, hasta que decidan hacer otro intento. El miedo también hace que las personas reaccionen de formas muy diferentes: algunos se quedan pálidos, otros enrojecen, algunos se ponen histéricos y otros se quedan sin habla. Expliquémosles sus miedos, mostrémosles que son lo suficientemente grandes para superarlos y enfrentarse a cualquier cosa y entonces nada les dará miedo. Al niño dejarán de darle miedo las sombras en la pared si se le da una vela y se le enseña a hacerlas bailar.

Hemos estado durante tanto tiempo culpando a los gérmenes, al tiempo o la comida de ser causas de las enfermedades… Pero muchos de nosotros somos inmunes a una epidemia de gripe, a algunos les provoca euforia el viento frío y otros pueden comer queso o beber café muy negro bien entrada la noche y eso no tiene ningún efecto sobre ellos. Nada de lo que hay en la naturaleza puede hacernos ningún daño si estamos felices y en armonía; muy al contrario, toda la naturaleza está para que podamos usarla y disfrutarla. Solo cuando dejamos que la duda, la depresión, la indecisión o el miedo se cuelen en nuestras vidas nos volvemos sensibles a las influencias externas.

La verdadera causa que subyace a la enfermedad y la que tiene una importancia esencial es el estado mental del paciente, no el estado de su cuerpo.

Cualquier enfermedad, por muy seria o duradera que sea, se curará si se restaura la felicidad del paciente y su deseo de seguir con su vida. Muy a menudo solo se trata de una ligera alteración en su modo de vida, una pequeña idea fija que le está haciendo intolerante ante los demás, un equivocado sentido de la responsabilidad que mantiene a la persona esclava cuando podría estar haciendo un trabajo estupendo.

Hay siete estados maravillosos en la curación de una enfermedad:

— LA PAZ.
— LA ESPERANZA.
— LA FELICIDAD.
— LA FE.
— LA CERTIDUMBRE.
— LA SABIDURÍA.
— EL AMOR.

Capítulo X
Ganar y regalar libertad

El objetivo final de toda la humanidad es la perfección y para lograr este estado el hombre debe aprender a pasar por todo tipo de experiencias sin que le afecten, debe enfrentarse a todas las interferencias y tentaciones sin que nada le distraiga de su curso. Entonces estará libre de todas las dificultades, apuros y sufrimientos de la vida y habrá guardado en su alma el amor, la sabiduría, el coraje, la tolerancia y la comprensión perfectos como resultado de haberlo visto y conocido todo. El jefe perfecto es aquel que ha pasado por todas las etapas del negocio.

Podemos hacer que este viaje sea una aventura corta y divertida si somos conscientes de que la libertad de las ataduras solo se logra dando libertad: nosotros seremos liberados y liberaremos a los demás, porque solo podemos enseñar con el ejemplo. Al regalarle la libertad a todo ser humano que entra en contacto con nosotros, a todas las criaturas, a todo lo que nos rodea, es cuando nos liberamos verdaderamente. Si procuramos que no sea así, aunque sea en el más mínimo detalle, e intentamos dominar, controlar o influenciar la vida de otro encontraremos que esa interferencia se refleja también en nuestras propias vidas, porque son los que nosotros atamos los que nos acaban atando a nosotros. Hubo una vez un hombre que estaba tan atado a sus posesiones que no fue capaz de aceptar un don divino.

Podemos liberarnos de la dominación de otros con facilidad primero dándoles una libertad absoluta y seguidamente negándonos con cariño y delicadeza a que nos dominen. Lord Nelson hizo algo muy sabio mirando por su catalejo con el ojo ciego. Nada de fuerza, ni de resentimiento, ni de odio, ni de crueldad. Nuestros oponentes son nuestros amigos, hacen que el juego merezca la pena y al final del partido todos debemos darnos la mano.

No deberíamos esperar que los otros hagan lo que nosotros queremos; sus ideas son las adecuadas para ellos y aunque su camino les lleve en una dirección diferente a la nuestra, el objetivo al final del viaje es el mismo para todos. Nos daremos cuenta de que cuando queremos que los demás «obedezcan nuestros deseos» es cuando nosotros nos volvemos esclavos de ellos.

Somos como cargueros con destino en diferentes países del mundo, unos en África, otros en Canadá, otros en Australia, que al final tenemos que volver todos al mismo puerto de origen. ¿Por qué íbamos a seguir a otro barco que va a Canadá si nosotros tenemos que ir a Australia? Eso solo nos retrasaría.

Tal vez no nos demos cuenta de cuánto nos atan las cosas pequeñas. Las cosas que nosotros queremos retener con nosotros son las que nos retienen: una casa, un jardín, un mueble… incluso esas cosas tienen derecho a ser libres. Las posesiones mundanas, después de todo, son transitorias, pero nos crean ansiedad y preocupación porque en nuestro interior sabemos que acabarán en una pérdida definitiva e inevitable. Están ahí para disfrutarlas, admirarlas y utilizarlas hasta el máximo, pero no para que tengan tanta importancia que se conviertan en cadenas que nos atan.

Si le damos la libertad a todos y todo lo que nos rodea nos daremos cuenta de que a cambio nos volvemos más ricos en amor y en posesiones de lo que hemos sido antes, porque el amor que libera acaba siendo un amor mayor que une.

Capítulo XI
La curación

Para encontrar la hierba que nos servirá de ayuda primero tenemos que encontrar el objeto de nuestra vida, lo que deseamos hacer, y también comprender las dificultades del camino que tenemos por delante. Esas dificultades solemos llamarlas defectos o errores. Hagamos que no nos importen esos errores, porque son la prueba misma de que estamos consiguiendo metas mayores: nuestros defectos deberían ser razones para animarnos, porque significan que apuntamos más alto. Permitámonos encontrar qué batallas estamos librando, qué adversario estamos tratando de superar y después tomemos con gratitud y agradecimiento esa planta que ha caído en nuestras manos para acercarnos a la victoria. Debemos aceptar estas hierbas maravillosas de los campos como un sacramento, como un don divino del Creador para ayudarnos con nuestros problemas.

Para la verdadera curación no es necesario identificar la enfermedad: es el estado mental, la dificultad mental por sí sola lo que hay que considerar. Lo que importa es lo que estamos haciendo mal dentro del Plan Divino. Esa falta de armonía con nuestro ser espiritual puede producir cientos de fallos diferentes en nuestros cuerpos (porque nuestros cuerpos después de todo solo reproducen el estado de nuestras mentes), pero ¿qué importan esos fallos? Si ponemos nuestra mente en consonancia con nuestros cuerpos pronto sanaremos. Como dijo Jesucristo: «¿Qué es más fácil, decir: "Tus pecados quedan perdonados", o decir: "Levántate y anda"?».

Reitero que debemos tener claro que nuestras enfermedades físicas no importan, sino solo el estado de nuestras mentes; eso y solamente eso es lo que importa. Por ello, ignorando completamente la enfermedad que sufrimos, únicamente tenemos que tener en cuenta a cuál de los siguientes tipos pertenece.

Si tenemos alguna dificultad para seleccionar nuestro propio remedio, seguro que nos ayuda preguntarnos cuál es la virtud que más admiramos en las otras personas o cuál de los defectos de los demás es el que más odiamos, ya que seguro que el defecto del que todavía queda algo y que nos esforzamos en erradicar es aquel que más odiamos en los demás. Esa es la forma en que nos animamos para eliminarlo del todo en nosotros mismos.

Todos somos sanadores y con el amor y compasión que hay en nuestras naturalezas seremos capaces de ayudar a cualquier que de verdad desee estar sano. Hay que buscar el principal conflicto mental en el paciente, darle el remedio que le ayude a superar ese problema en concreto y todos los ánimos y las esperanzas que podamos; la capacidad de curación que hay en su interior.

ANEXOS

ANEXO 1
Los remedios florales del doctor Bach

ANEXO 2
Nuevo repertorio de remedios
Por F. J. WHEELER

ANEXO 3
Direcciones útiles

ANEXO 1

Los remedios florales
del doctor Bach

UNA CHARLA CON EL DOCTOR JOHN DIAMOND

*La siguiente entrevista apareció originalmente en
la revista* The Health Quarterly. *Nos parece una explicación clara y perfectamente válida de cómo un médico, de entre los muchos de este país, ha llegado a entender y utilizar los Remedios Florales del doctor Bach
en su propia práctica.*

Entrevistador.—*Resulta difícil incluir al doctor Bach en una
categoría, en una disciplina, ¿no es cierto?*

Doctor Diamong.—El doctor Bach llegó a desarrollar los remedios florales a través de su trabajo en la homeopatía. Había perfec-
cionado los más modernos remedios homeopáticos de origen bacteriológico. Los remedios florales son los que más se asemejan a la
homeopatía.

E.—*Dos características notables de la homeopatía son una diso-
lución extrema y la Ley de los Semejantes —la mancha de una mora
con otra verde se quita—. ¿Caracteriza eso también a los remedios
florales?*

D.—En primer lugar, la homeopatía requiere algo más que una solución; requiere potenciar una solución trabajando con un método rítmico específico. La preparación de los remedios florales no requiere eso, ni tampoco se trabaja necesariamente obedeciendo a la Ley de los Semejantes. Sin embargo, están diluidos, son inocuos, naturales y suaves.

El doctor Bach también parte de la homeopatía al creer que, corrigiendo las actitudes mentales perjudiciales, es posible evitar que el mal se haga físico o, más probablemente, se puede tratar el mal cuando está en un nivel energético y no brutalmente patológico. Incluso cuando es obviamente patológico, es posible ayudar, porque se puede aliviar mucho el componente mental causante o reactivo del problema físico. (Por cierto, creo que este librito, *Cúrese usted mismo,* es uno de los mejores enfoques médicos que se puedan montar.)

Los remedios florales tienen un importante papel que desempeñar en los tipos de enfermedad más psicosomáticos. En los casos extremadamente patológicos también se necesitan otros remedios.

Echemos un vistazo a una flor específica para ver qué clase de aplicación puede tener. Los síntomas que requieren un tratamiento por agrimonia son: ocultar las preocupaciones a los demás bajo un manto de alegría y de buen humor; inquietud; poner buena cara y estar por dentro en tensión y preocupado.

E.—*Cuando se diagnostican síntomas como ese —que es una cuestión subjetiva—, ¿qué ocurre si el doctor juzga equivocadamente una actitud y da un tratamiento floral inadecuado?*

D.—Estos remedios no pueden causar ningún mal; pero sí hay que utilizarlos de cierta manera. Hay algunas flores con las que el médico tiene que empezar, por ejemplo. También la modifica la necesidad de un remedio particular.

Suponga que viene un hombre diciendo: «No me ocurre nada... Estoy estupendamente». Y usted ve que, por dentro, se halla en tensión y preocupado. Puede usted muy bien darle agrimonia. La próxima vez que acuda a verlo quizá le diga: «Sabe, tenía usted razón. Ahora me doy cuenta de que hay cosas que me preocupan. Estoy sosteniendo una situación desagradable y que viene de antiguo. Y no le veo el final». El remedio apropiado es la madreselva, que está indicada para la gente excesivamente retrospectiva. A la semana siguiente llega con otro problema totalmente diferente.

Otra posibilidad interesante con los remedios florales es la oportunidad de hacer algo por los parientes del enfermo. En caso de accidente o de enfermedad aguda, le puedo dar al paciente el remedio de salvación (un compuesto que viene a añadirse a los treinta y ocho remedios florales). Al mismo tiempo, el castaño rojo puede ser de utilidad para los familiares angustiados y preocupados. Los remedios florales del doctor Bach comprenden el único sistema que ofrece esta clase de ayuda.

Algunos de los remedios son más profundos que otros; algunos tratan características más superficiales. Cada uno tiene un aspecto positivo y otro negativo. Durante el tratamiento tenemos tendencia a fijarnos más en el aspecto negativo, porque eso es lo que queremos superar; tratamos de estimular el otro lado. El aspecto negativo de la avena silvestre, por ejemplo, es la incertidumbre sobre lo que se ha de hacer y la incapacidad de echar raíces y crecer. Esto suele ocurrirles a personas de talento que no son capaces de decidirse sobre qué rumbo tomar en la vida. Así pues, usted trata de animar a la avena silvestre a que eche raíces y crezca... Ese es el aspecto positivo.

La fórmula habitual de diagnóstico consiste en sentarse a hablar con el paciente y repasar, en la mente, los remedios particulares para ver cuál sirve. A veces resulta un proceso dramático y laborioso. Cuando se levanta una capa, debajo de esa actitud mental aparece otra capa.

E.—*¿También examina físicamente a esa persona?*

D.—Sí, claro. Se utilizan todas las técnicas, y al final se añade esta última. Los remedios florales son muy beneficiosos en casos de enfermedad crónica, pero también se pueden utilizar en casos agudos. Normalmente tienen mejores efectos al cabo de cierto tiempo, si bien también se logran resultados espectaculares (particularmente con pacientes psicóticos).

E.—*¿Tienen efectos duraderos los remedios florales o hay que seguir tomándolos?*

D.—Bueno, una vez más, hay que entender la cualidad dinámica de una personalidad y lo que se llama problemas. Se puede estar tratando el problema inicial, hasta cierto punto, y luego encontrarse con que hay otros subyacentes que requieren remedios diferentes. Es como la psicoterapia, en el sentido de que se puede empezar por donde se quiera y terminar cuando se desee. En el caso de que una persona no quiera llegar a verse demasiado involucrada en la terapia, se le puede dar un remedio para su problema inmediato y decirle que lo tome durante un periodo de tiempo indefinido para ayudarle a atravesar la etapa inicial. Es preferible darle a la persona el remedio y luego seguir viéndola regularmente. A la semana siguiente es probable que no le preocupe tanto el problema original, pero puede haber surgido otra dificultad. Al ir tratando cada capa, van surgiendo otras nuevas. Así se puede seguir mucho tiempo. Lo negativo se va volviendo positivo, y se produce la mejoría.

E.—*Me estaba preguntando si la gente vuelve con los mismos problemas en cuanto deja de tomar los remedios, ¿es así?*

D.—La gente tiende a repetir sus modos de comportamiento, pero también crece y cambia. También depende de lo que le dé el médico aparte del remedio. Puede trabajar con el paciente, ayudándole a saber manejar positivamente las situaciones. *No se trata de «tómese esta píldora y quedará bien».* El sanar es un proceso que dura toda la vida y termina con la muerte. [La cursiva es del editor.]

Ahora bien, lo que acabo de describir es la forma predominante de trabajar con los remedios florales del doctor Bach. La gente ha añadido otros elementos, como un componente psíquico, que a mí me parece innecesario y equivocado. Es una simple cuestión de sentarse a escuchar al paciente y elegir el remedio para su actitud en ese momento. Para comprender los remedios, lo que hay que tener presente es simplemente que si se tratan las actitudes mentales, los problemas físicos —si están en sus etapas iniciales— remitirán; o al menos se puede aliviar el componente «psico» del problema psicosomático. Si el problema se ha desarrollado completamente en el plano físico, entonces se puede aliviar el elemento somatopsíquico, suprimiéndolo del cuerpo y llevándolo a la mente (la enfermedad mental causante de la mala salud).

Puede usted darse cuenta de que los remedios florales son particularmente valiosos en el plano de la prevención. Es posible tratar muy fácilmente la ansiedad y el miedo eventuales causantes de úlceras. Esta es la prevención *primaria*. No requiere las medidas curativas que toma la medicina cuando se ha iniciado un problema que aún no ha postrado a la persona (y que normalmente se llama prevención); tampoco se trata de una psicoterapia intensa. Cierto es que estos remedios son más para personas sanas que para personas gravemente enfermas. No existen remedios para casos avanzados de cáncer y cosas por el estilo. Estos remedios son sobre todo eficaces cuando la enfermedad física está a punto de atacar. Los pensamientos o actitudes que crean la enfermedad pueden existir durante veinte o treinta años antes de que aparezcan como trastorno físico. Durante ese tiempo es cuando es posible tratarlos. No hay que esperar a que la enfermedad sea física y luego querer cambiar las actitudes de un día para otro.

E.—*Pero, precisamente, ¿cómo afectan esas emociones al cuerpo físico? Tomemos, por ejemplo, la fuerte emoción del «odio».*

D.—El odio y la envidia parecen robar al cuerpo y a todos los órganos su energía, esa clase de energía que se asocia con la acupuntura. La glándula que parece más afectada por el odio y la envidia es el timo. Mientras el timo del paciente sea hipoactivo, ninguno de los sistemas de inmunidad le funcionará adecuadamente. Hace veinte años ya se sabía que el cáncer, como enfermedad, comienza cuando el cuerpo ya no es capaz de reconocer las células anormales, y eso es parte de la función del timo. (Insisto en este aspecto para ilustrar una forma en la que el odio, al cabo de diez o veinte años, influye en lo físico.) ¿Cómo se relaciona esto exactamente con una secuencia bioquímica específica?... es solo cuestión de tiempo, y la respuesta es inmaterial.

Bach tuvo la intuición de que la enfermedad, la falta de armonía y de equilibrio suelen ser el resultado del abismo que existe entre el estado interno de una persona y la «cara» que tiene que poner esa persona a quienes la rodean. Cuanto más se acerquen esas dos caras (la interna y la externa), mejor. Una característica primaria de la enfermedad degenerativa es la diferencia entre la forma en que aparece una persona y la forma en que se siente realmente; lo que finge. Esto suele formar parte integrante de una enfermedad. Se requiere mucho tiempo para que lo que realmente somos aparezca en nuestra cara externa. Durante todo ese tiempo, la diferencia va minando nuestra salud. Cada vez que una persona tiene un pensamiento negativo o deprimente, está dañando su salud —en ese momento deja de funcionar el timo—. Por eso soy contrario a casi toda psicoterapia: se centra en lo negativo y se está constantemente golpeando al timo. Un timo saludable se asocia con el amor, la alegría, la juventud y el entusiasmo.

Uno de los requerimientos básicos, añadiría yo, para tratar cualquier enfermedad es que la persona quiera ponerse bien y esté dispuesta a tener cierta responsabilidad en ello. El elemento de la voluntad es un factor indiscutible. Con frecuencia, cuando un paciente se encuentra gravemente enfermo, es que se ha convencido de que no quiere ponerse bien. Lo que es más, cuando una persona se encuentra enferma, y acude a un médico convencional, ya se han producido unos cambios estructurales y rara vez se puede cambiar la condición y hacer que vuelva a ser normal. Lo que hay que lograr es tratar al paciente antes de que llegue a ese punto. ¡Prevención primaria! Si se tiene la actitud apropiada, nunca se debería estar enfermo..., solo apagarse y morir, como los animales salvajes.

(En ese momento, el entrevistador se convirtió en «paciente». En una comprobación quinesiológica de la fuerza muscular, el músculo en cuestión aparecía débil cuando el sujeto imaginaba odio. Al imaginar amor, el músculo aparecía fuerte *).

E.—*¿Puede usted explicarnos el trabajo que está realizando con la utilización de remedios florales como parte de sus otras terapias?*

D.—Mi trabajo actual con los remedios florales se halla relacionado con la energía a que se refiere la acupuntura. Está íntimamente conectado con el sistema nervioso central. Estamos trabajando ahora con tres elementos interrelacionados: el meridiano de acupuntura, su remedio floral correspondiente y la actitud psicológica. Así, si nos encontramos ante una actitud, tenemos que hacer una doble comprobación con el meridiano para ver si el circuito energético se halla realmente descompensado, y luego podemos decirle al paciente qué actitud está operando en ese momento y ayudarle a guiarse para cambiar tal actitud —llenándolo de la actitud contraria—. Esto se puede hacer inmediatamente, y los efectos de un cambio de actitud pueden demostrarse al momento. (El arte de la curación en este caso consiste en aprender a movilizar la voluntad del sujeto.) El alivio puede ser instantáneo con la transmutación. Luego se continúa el tratamiento dando un remedio floral que consolide o refuerce el cambio. Pero lo importante es que el paciente se trate a sí mismo.

Eventualmente, nos gustaría ver que la gente alcanza ese punto en que se da cuenta de cómo actúan esos principios, y, gracias a ello, se hace cargo de la responsabilidad y del control de su propio cuerpo..., al comprender los efectos de los estados emocionales, y

---

* Doctor John Diamong, *Kinesiología del comportamiento,* Edaf, Madrid, 1980.

consolidar sus esfuerzos mentales con sustancias adecuadas, como los remedios florales.

En conclusión, pues, la nueva combinación de elementos que utilizamos juntos es: 1) un diagnóstico físico de un problema mental; 2) la transmutación de sentimientos; 3) la consolidación con remedios florales, y 4) todas las demás terapias, como la medicina homeopática, dieta y nutrición, ayudando a los problemas posturales, acelerando el proceso, etcétera.

Nuevo repertorio de remedios

Por F. J. WHEELER

Prefacio

ENTRE los años 1930 y 1936, Edward Bach descubrió, perfeccionó y puso en práctica un sistema de medicina tan simple como efectivo. Tras desempeñar su carrera con éxito en Londres, abandonó una práctica lucrativa para buscar y hallar hierbas que curasen a los enfermos, pero de las que no pudieran derivarse efectos adversos.

El doctor Bach enseñó que la base de la enfermedad ha de hallarse en la inarmonía entre los aspectos espiritual y mental del ser humano. Esta inarmonía, que aparece cuandoquiera que estados de ánimo conflictivos producen infelicidad, tortura mental, temor, o lasitud y resignación, rebajan la vitalidad del cuerpo y permiten a la enfermedad estar presente. Por esta razón, los remedios que preparó fueron para el tratamiento del estado de ánimo y temperamento del paciente, no para su enfermedad física; de modo que cada paciente, volviéndose más él mismo, pudiera incrementar su propia vitalidad y extraer, de una fortaleza interna y una paz interior, los medios para restaurar su salud.

Cada paciente debe dirigir su propia vida y aprender a dirigirla en libertad. Cada cual es de un tipo diferente, un individuo diferente, y cada uno debe ser tratado según a su estado de ánimo personal y la necesidad del momento, no por su enfermedad física.

Bach escribió en su libro *Los doce remedios:* «Al tratar casos con estos remedios no se tiene en cuenta la naturaleza de la enfermedad. Se trata al individuo y, conforme este pasa a estar bien, la enfermedad se va, habiendo sido expulsada por el aumento de salud.

»Todo el mundo sabe que la misma enfermedad puede tener diferentes efectos sobre diferentes personas; son los efectos los que necesitan tratamiento, pues son los que guían hacia la causa real.

»Siendo la mente la parte más delicada y sensible del cuerpo, muestra la génesis y curso de la enfermedad mucho más definidamente que el cuerpo, de modo que es la perspectiva que adopta la mente lo que se escoge como guía en cuanto al remedio o remedios necesarios».

El doctor Bach recalcó que sus remedios podían usarse conjuntamente con cualquier otra forma de tratamiento, sin colisionar o interferir. Igualmente, podían alcanzar grandes resultados usándose solos.

Mi padre, el doctor F. J. Wheeler, que conoció al doctor Bach y trabajó con él desde 1929 hasta su muerte en 1936, y que ha obtenido él mismo muchos resultados notables con los 38 remedios que produjo el doctor Bach, estableció un repertorio para la guía y ayuda de quienes utilizan estos remedios. Estas indicaciones para el uso de los remedios, deberían ser estudiadas conjuntamente con *Los doce remedios* para la que pretenden ser un suplemento. No puede haber normas rígidas al tratar a los pacientes con estos remedios, pues cada paciente debe ser considerado como un individuo al que ayudar a la luz de sus circunstancias y estados de ánimo personales y particulares. Pero los estados básicos de la mente y los remedios son constantes, y aun teniendo siempre presente la necesidad de retener la flexibilidad y una mente capaz de recibir una inspiración fresca mientras se usan estos métodos de tratamiento, este repertorio debería mostrarse como una ayuda para quienes buscan desarrollar su propia capacidad de escoger y administrar el remedio correcto, sea para sí mismos o para otros.

Es en la esperanza sincera de hacer una contribución más a la comprensión del verdadero arte de la curación como se preparó este libro.

FRANCES M. WHEELER
Londres, 1952

Introducción a esta edición

DESDE la primera edición, este libro se ha convertido en un complemento muy útil para libros más descriptivos sobre el tema.

El Repertorio provee una lista alfabética de emociones y síntomas, junto a la cual se sugieren remedios relacionados con el estado de mente en cuestión. Hay muchos miles de palabras para describir cómo nos sentimos, y sería imposible dar la lista de todos en un libro de esta naturaleza. Al revisar y poner al día el *Repertorio de los remedios de Bach,* nuestro objetivo ha sido incluir tantas palabras y cubrir tantas variaciones como fuera posible, creando así un índice extenso de los términos más comúnmente usados —y no tan comúnmente en algunos casos.

A fin de seleccionar el remedio o los remedios más apropiados, es importante considerar el problema en relación con su causa y a cómo se experimenta personalmente, pues las características expresadas y experimentadas por el individuo en cuestión son los factores de guía. Por ejemplo, bajo DEPRESIÓN se clasifican varias subcategorías que describen una serie de diferentes razones para un estado de mente depresivo, y se indica la elección de remedio sugerida junto con el término descriptivo más apropiado.

Similarmente, bajo SENSIBILIDAD, hay varias subdivisiones: *al ruido, a la controversia, a las críticas,* y así sucesivamente, y hay, a su vez, una elección de remedios clasificados bajo cada categoría. Por ejemplo, *Sensibilidad al ruido* sugiere Clematis, Mimulus, Water Violet e Impatiens. No necesitaréis los cuatro remedios juntos, sino que deberíais considerar cada uno por separado en sus propios méritos, consultando libros descriptivos como *Los doce remedios, Los remedios florales de Bach paso a paso, El manual* o *El diccionario* para mayores aclaraciones. La gente *Clematis* es sensible a los ruidos porque tiende a la ensoñación, y, por tanto, el ruido perturba sus pensamientos. La gente *Mimulus* tiende a ser nerviosa, y, en consecuencia, se asusta con el ruido. La gente *Water Violet* disfruta de la paz y la tranquilidad, y encuentra, por tanto, el ruido una intromisión en su intimidad. La gente *Impatiens* piensa y trabaja rápidamente, y, por consiguiente, es irritada por el ruido porque obstaculiza su progreso.

Debe recordarse que cada persona interpreta las palabras de un modo diferente, de forma que siempre habrá un elemento subjetivo en cualquier término descriptivo que se utilice. Se pretende que el Repertorio sea utilizado como medio de aclaración en caso de duda, para proporcionar unas pocas ideas objetivas, o simplemente como estímulo para la memoria. Acordaos siempre de considerar las características individuales de las sugerencias dadas, pues solo leyendo la descripción plena de cada remedio, antes de decidir vuestra elección final, podrán obtenerse resultados satisfactorios.

JUDY HOWARD
Sotwell, 1995 (El Centro del doctor Edward Bach)

Nuevo repertorio de remedios

Estados de ánimo	*Remedios*

ABANDONADO

temor a ser . . . . Mímulo

sin esperanza . . . . Castaño dulce

Ver también RECHAZO y SOLEDAD.

ABANDONO

de drogas/alcohol/tabaco, etc.

— ayuda a la adaptación durante . . . . Nogal

— ayuda a aprender de la experiencia . . . . Brote de castaño

— ayuda a limpiar mente/cuerpo . . . . Manzano silvestre

— ayuda a reforzar la voluntad para resistir . . . . Hojarazo, Centaura

NOTA: Es importante tratar la causa subyacente de la adicción. Ver también ADICCIÓN.

ABATIMIENTO . . . . Castaño dulce

ABORRECIMIENTO

mira con odio . . . . Acebo

asco . . . . Manzano silvestre

ABRASIVO

y crítico . . . . Haya, Achicoria

y de mal genio . . . . Impaciencia

y colérico, lleno de odio, celoso, envidioso . . . . Acebo

con resentimiento, compasión de uno mismo . . . Acebo, Sauce, Achicoria

y desafiante . . . . Vid

ABRUMADO

por la responsabilidad/presión . . . . Olmo blanco

por las exigencias de los demás . . . . Centaura, Mímulo

agobiado/irritado con las exigencias constantes . . Impaciencia

ABRUPTO

Impaciencia . . . . Impaciencia, Haya, Vid

Estados de ánimo	*Remedios*

ABSENTISMO

para evitar responsabilidades . . . . Olmo blanco

para evitar la confrontación . . . . Agrimonia

debido a falta de interés/por escapismo . . . . Clemátide, Rosa silvestre, Hojarazo, Mostaza

por miedo . . . . Alerce, Mímulo, Heliantemo, Remedio Rescate

ABSORCIÓN

en pensamientos distantes/ensoñación . . . . Clemátide, Madreselva

en recuerdos . . . . Madreselva

por entusiasmo o cuestiones de principio . . . . . . Verbena,

en uno mismo . . . . Brezo, Achicoria,

en los detalles . . . . Manzano silvestre,

por preocupaciones . . . . Castaño blanco

por venganza/celos/odio . . . . Acebo

ABSORCIÓN EN SÍ MISMO . . . . Brezo, Sauce, Achicoria, Agua de roca, Haya, Manzano silvestre

ABSTINENCIA

farisaico/control extremo de uno mismo . . . . Agua de roca

adaptación a, por ejemplo, después de alcoholismo. Nogal, Agrimonia

ABSTRACCIÓN

ideas y fantasías . . . . Clemátide

carente de ambición . . . . Rosa silvestre

ABSURDO

intolerancia con/acusación del . . . . Haya

frustración con . . . . Verbena

Estados de ánimo	*Remedios*

ABURRIMIENTO

en general .... Clemátide, Avena silvestre
a través de una expectación impaciente .... Impaciencia

ABUSIVO

debido a furor incontrolado .... Cerasifera
debido a dominación agresiva .... Vid
debido a posesividad egoísta .... Achicoria
debido a vejación .... Acebo
debido a intolerancia crítica .... Haya
debido a lentitud .... Impaciencia
debido a frustración .... Verbena

ABUSO

sentido de injusticia del .... Verbena
conmoción por el .... Ornitógalo
miedo al .... Mímulo, Heliantemo
sentimiento de contaminación por el .... Manzano silvestre

ABUSO DE SÍ MISMO .... Manzano silvestre

ACEPTACIÓN

resignado a lo inevitable .... Rosa silvestre
dócil .... Centaura

ACOBARDADO .... Mímulo, Nogal,
                                        Álamo temblón

ACTIVO

excesivamente, debido a entusiasmo .... Verbena
excesivamente, debido a impaciencia/apresura-
    miento. .... Impaciencia
abiertamente, como tirano de sí mismo .... Agua de roca

Estados de ánimo	*Remedios*

ACTUACIÓN

como fingimiento . . . . Agrimonia
para obtener atención/favor . . . . Achicoria

ACUERDA

prontamente, sin juicio reflexivo . . . . Ceratostigma, Centaura
para mantener la paz . . . . Agrimonia, Centaura,
                                          Rosa silvestre

ACUSADOR

debido a suspicacia . . . . Acebo
debido a un deseo de perfección . . . . Agua de roca, Verbena
como un modo de humillar . . . . Haya
debido a temores irracionales . . . . Cerasifera

ADAPTABLE . . . . Rosa silvestre, Clemátide

ADAPTARSE

ayuda a . . . . Nogal

ADHERENCIA

a los principios . . . . Verbena, Agua de roca

ADICCIÓN

vida controlada por la . . . . Centaura
usada como medio de escape . . . . Agrimonia, Clemátide
para romper el hábito de la . . . . Nogal, Brote de castaño
Ver también ABANDONO.

ADICTO AL TRABAJO

por naturaleza . . . . Verbena, Roble, Agua de roca
servil . . . . Centaura

Estados de ánimo	*Remedios*

ADMIRACIÓN

por los demás/deseo de copiar o seguir .... Ceratostigma, Pino silvestre
ninguna por uno mismo .... Manzano silvestre
con envidia/celos .... Acebo

ADORACIÓN

por los demás, con deseo de poseer .... Achicoria, Brezo
de uno mismo .... Agua de roca
ninguna por uno mismo .... Pino silvestre,
                                        Manzano silvestre

ADQUISICIONES

deseo de aferrarse a las, egoistamente .... Achicoria
aferramiento a las, debido a apegos sentimentales. Madreselva
para ayudar a liberar del apego emocional a las .. Nogal

ADRENALINA (emocional)

sentirse con exceso de .... Impaciencia, Verbena,
                                          Álamo temblón,
                                          Heliantemo,
                                          Remedio Rescate

ADULACIÓN

de uno mismo .... Brezo, Achicoria,
                                        Agua de roca

ADVERSIDAD

lucha a pesar de la .... Roble
no afectado por la .... Roble, Vid, Verbena,
                                        Rosa silvestre,
deprimido por la .... Genciana, Aulaga

Estados de ánimo	*Remedios*

AFANARSE

pese a la adversidad . . . . Roble
por conseguir que se entienda el punto . . . . Verbena
por agradar a otros . . . . Centaura
por agradarse a sí mismo . . . . Agua de roca, Pino silvestre,
　　　　　　　　　　　　　　　　　　　　　Manzano silvestre

AFECTUOSO . . . . Centaura, Achicoria,
　　　　　　　　　　　　　　　　　　　　　Castaño rojo, Pino silvestre

AGITADO . . . . Impaciencia, Agrimonia,
　　　　　　　　　　　　　　　　　　　　　Castaño blanco

por los detalles . . . . Manzano silvestre
por la injusticia . . . . Verbena

AGOBIADO

sensación de ser/irritado por . . . . Impaciencia, Verbena,
　　　　　　　　　　　　　　　　　　　　　Cerasifera
sensación de ser, debido a responsabilidad . . . . . Olmo blanco,
　　　　　　　　　　　　　　　　　　　　　Castaño blanco
y malhumorado . . . . Verbena, Cerasifera, Acebo,
　　　　　　　　　　　　　　　　　　　　　Sauce, Haya
siempre dispuesto pero sobrecargado . . . . Centaura, Castaño blanco

AGONÍA (emocional)

oculta, tortura interior . . . . Agrimonia
del pesar . . . . Ornitógalo, Castaño dulce
de las controversias mentales . . . . Castaño blanco

AGOTADO de energía . . . . Olivo, Hojarazo,
　　　　　　　　　　　　　　　　　　　　　Castaño dulce

AGOTAMIENTO

por exceso de trabajo, debido a voluntad débil . . Centaura
física y mental . . . . Olivo

Estados de ánimo	*Remedios*
hastío mental/dilaciones	Honrbeam
por esfuerzo y tensión	Verbena
por falta de vitalidad	Clemátide, Rosa silvestre
se esfuerza a pesar del	Roble
con desvalimiento extremo/desesperación	Castaño dulce

AGRAVIADO

y resentido	Sauce
y dolido	Achicoria
y airado por la injusticia	Verbena
pero no protesta	Centaura, Agrimonia

AGRESIÓN

entusiasta/apasionada	Verbena
llena de rencor	Acebo
exigente/dominante	Vid

AGUANTE	Roble, Centaura, Verbena, Agua de roca
AGUDO	Verbena, Impaciencia, Vid
AHÍTO	Olivo, Hojarazo

AISLAMIENTO

disfruta	Violeta de agua, Impaciencia
no puede soportar	Brezo

ALABANZA

desea	Achicoria
busca, para reafirmarse	Ceratostigma
se recrea en	Vid, Achicoria

Estados de ánimo	*Remedios*

ALARDEAR

lo sabe todo - gran «yo soy» . . . . Vid
debido a inseguridad . . . . Agrimonia
debido a excitación/entusiasmo . . . . Verbena
para atraer la atención . . . . Achicoria, Brezo

ALBOROZO

que oculta los verdaderos sentimientos . . . . Agrimonia

ALCOHOL

adicción al . . . . Centaura, Agrimonia,
rompiendo el hábito de la adicción al . . . . Ceratostigma,
                                               Nogal, Brote de castaño,
enfermo por el . . . . Manzano silvestre
borracheras repetidas . . . . Chesnut Bud
usado como «muleta» para proporcionar valor . . . Agrimonia, Alerce, Mímulo

ALEGRE . . . . Agrimonia

ALEGRÍA, falsa . . . . Agrimonia

ALIENACIÓN

debido a distanciamiento . . . . Violeta de agua
debido a locuacidad extrema . . . . Brezo
debido a irritación . . . . Impaciencia
debido a posesividad sofocante . . . . Achicoria
debido a influencia/control persuasivo sobre otros. Nogal

ALTANERÍA . . . . Haya, Agua de roca, Vid,
                                               Verbena

ALTIVO

parece ser, por orgullo/dignidad . . . . Violeta de agua
si obstinado/sabelotodo/autócrata . . . . Vid

Estados de ánimo	Remedios
por vanidad/obsesión con uno mismo	Brezo
por fariseísmo	Agua de roca
ALTRUISTA	Roble, Centaura, Castaño rojo, Verbena
ALUCINARSE	Cerasifera, Heliantemo, Clemátide, Verbena, Agrimonia
AMARGAMIENTO	Sauce
AMARGURA	Sauce, Achicoria, Acebo

AMBICIÓN

falta de	Rosa silvestre, Aulaga
fuerte sentido de	Verbena, Vid
definida, pero desviada por otros senderos	Nogal
mal definida	Avena silvestre
de poseer/controlar a otros	Achicoria, Vid
demorada/desencantado con, debido a contratiempo.	Genciana

| AMBIVALENCIA .... | Escleranto, Ceratostigma |

AMOR

carece de, por los demás	Acebo
carece de, para con uno mismo	Manzano silvestre, Pino silvestre
desea más/constante	Achicoria
desea como reafirmación	Ceratostigma

| ANALÍTICO .... | Agua de roca, Haya, Verbena, Vid |
| ANGUSTIA .... | Álamo tamblón |

Ver también ANSIEDAD.

Estados de ánimo	*Remedios*

ANHELO

de paz de mente	Castaño blanco, Agrimonia
del hogar	Madreselva
de la juventud	Madreselva
del amor	Achicoria
de los seres amados	Madreselva, Achicoria, Castaño rojo
de librarse de la tortura mental	Agrimonia, Castaño blanco, Escleranto, Castaño dulce, Cerasifera
de tiempos mejores	Clemátide
del pasado	Madreselva
del futuro, como un tiempo mejor	Clemátide
algo que esperar	Clemátide
librarse de la envidia y los celos	Acebo
codicioso por motivos egoístas	Achicoria, Acebo

ANORMALIDAD

obsesionado por un defecto personal	Manzano silvestre
temor a una	Cerasifera
pensamientos de injusticia, «¿por qué yo?»	Sauce

ANSIEDAD

escondida/desasosiego oculto	Agrimonia
por causa conocida	Mímulo
por el bienestar de los demás	Castaño rojo
por causa desconocida/presentimientos vagos	Álamo temblón
por pensamientos que preocupan	Castaño blanco

ANSIOSO EN EXTREMO

por agradar	Centaura
por cuidar de otros	Achicoria
por influenciar a otros	Verbena
por las opiniones de los demás	Ceratostigma
con los detalles	Manzano silvestre

Estados de ánimo	*Remedios*
consigo mismo	Brezo, Agua de roca,
por la segundad de los demás	Sauce
por sentar un buen ejemplo	Castaño rojo, Agua de roca

ANTICLÍMAX . . . . Genciana

APASIONADO

con entusiasmo	Verbena, Impaciencia
sin control	Cerasifera

APATÍA

en general	Rosa silvestre,
debida a depresión	Hojarazo, Clemátide
debida a falta de energía/agotamiento	Aulaga, Mostaza, Olivo

APLOMO

carece de	Escleranto
posee	Violeta de agua

APOCADO

debido a depresión	Mostaza, Aulaga, Castaño dulce
debido a pena de sí mismo	Sauce
debido a apatía	Rosa silvestre
debido a desinterés	Clemátide, Madreselva
debido a profunda tristeza	Ornitógalo, Castaño dulce
debido a dirección perdida	Avena silvestre, Nogal
debido a subordinación	Centaura
debido a temor	Mímulo, Alerce,

APOLOGÉTICO . . . . Pino silvestre

APRENSIVO

por miedo	Álamo temblón, Mímulo, Heliantemo

Estados de ánimo	*Remedios*
con los demás	Castaño rojo
y dubitativo/dependiente	Genciana
sobre un posible fracaso	Alerce

APRENDER

incapaz de, a partir de la experiencia/errores ... Brote de castaño

APRESURADO .... Impaciencia

APROBACIÓN

busca, para reafirmarse .... Ceratostigma

APURO .... Mímulo, Alerce,
Manzano silvestre

AQUIESCENCIA

en general .... Centaura, Rosa silvestre
debido al temor .... Mímulo, Alerce

ARDIENTE .... Verbena

ARREPENTIDO .... Pino silvestre

ARROGANCIA .... Haya, Vid

ARRUGARSE

con resignación/apatía .... Rosa silvestre
con desinterés .... Clemátide, Hojarazo, Olivo
con desánimo .... Genciana, Aulaga
con pena de sí mismo .... Sauce
con indignación .... Achicoria

ASCO

ante la suciedad .... Manzano silvestre

Estados de ánimo	*Remedios*
ante la injusticia/parcialidad	Verbena, Sauce
ante las restricciones/lentitud	Impaciencia, Verbena, Vid

ASCUAS, estar sobre . . . . Mímulo, Impaciencia, Álamo temblón, Agrimonia

ASFIXIAR

con el amor . . . . Achicoria

ASUSTADO

en general . . . . Hiliantemo, Mímulo, Álamo temblón
por los demás . . . . Castaño rojo
sin saber porqué . . . . Álamo temblón
por su cordura . . . . Cerasifera

ATAQUE DE LOCURA . . . . Cerasifera

ATENCIÓN

busca la . . . . Achicoria, Brezo, Sauce
le disgusta la . . . . Violeta de agua

ATORMENTADO

por preocupaciones ocultas . . . . Agrimonia
por pensamientos persistentes . . . . Castaño blanco
por los temores . . . . Álamo temblón, Heliantemo, Mímulo, Castaño rojo
por la angustia . . . . Castaño dulce
por pensamientos de celos/envidia . . . . Acebo
por el temor a perder el control . . . . Cerasifera

ATROPELLARSE

dispuesto en general a . . . . Impaciencia
los pensamientos tienden a . . . . Impaciencia, Verbena, Castaño blanco, Álamo temblón

Estados de ánimo	Remedios
ATURDIDO	Clemátide, Ornitógalo
AUSENTE mentalmente	Clemátide
AUTÓCRATA	Vid
AUTODETERMINACIÓN	Verbena, Roble, Agua de roca, Vid
AUTOESTIMA	
carece de	Alerce, Ceratostigma, Pino silvestre, Manzano silvestre, Olmo blanco
AUTOINCULPACIÓN	Pino silvestre
AUTORITARIO	Vid
AUTORREPROCHES	Pino silvestre
AUTOSUFICIENTE	Violeta de agua, Roble, Vid
AVENTURA	
deseo de	Clemátide
gran espíritu de	Verbena
ningún deseo de	Rosa silvestre, Mostaza, Olivo
AVERGONZADO	
con sentimiento de culpabilidad o autorreproche.	Pino silvestre
AVERSIÓN	
en general	Rosa silvestre
debido a aburrimiento	Clemátide

Estados de ánimo	Remedios
debido a cansancio	Olivo, Hojarazo
debido a depresión	Mostaza, Aulaga, Sauce, Castaño dulce

AVIDEZ .... Impaciencia, Verbena, Álamo temblón

ÁVIDO

de las posesiones de los demás	Achicoria
de simpatía	Achicoria, Brezo, Sauce
de información/consejo	Ceratostigma
de poder/control	Vid, Achicoria, Verbena
de perfección	Agua de roca, Verbena
de amor	Achicoria
de compañía	Brezo

AYUDA

en emergencias/aflicción	Remedio Rescate
busca, para la toma de decisiones	Ceratostigma

AYUDAR, DISPUESTO A

pero mantiene un discreto alejamiento	Violeta de agua
calmadamente, sin preguntar	Roble
pero quejándose	Achicoria, Verbena
como un deber, ansioso por agradar	Centaura, Pino silvestre

BAJO

de ánimo	Mostaza, Olivo, Castaño dulce, Genciana, Aulaga, Sauce

Ver también DEPRESIÓN y HUNDIDO.

BEATO .... Agua de roca, Haya

Estados de ánimo	*Remedios*

BERRINCHES

infantiles, para facilitar la transición en los . . . . . Cerasifera, Acebo, Impaciencia, Verbena, Nogal

BLOQUEO

de la capacidad de dar amor . . . . Achicoria, Acebo

del progreso en la vida debido
a una ambición frustrada . . . . Nogal, Avena silvestre, Aulaga, Castaño dulce, Sauce

debido al fallo en aprender . . . . Brote de castaño

BRAVO

por naturaleza . . . . Roble, Vid, Verbena,

encuentra difícil ser, por temor . . . . Mímulo, Álamo temblón, Heliantemo, Agrimonia, Centaura

encuentra difícil ser, por carecer de confianza/por
incertidumbre . . . . Alerce, Escleranto, Ceratostigma, Centaura

BRÍO . . . . Verbena

BROMAS

para aligerar los problemas . . . . Agrimonia

BULLICIOSO

debido a excitación . . . . Impaciencia, Verbena

como medio de atraer la atención/alardear . . . . . Achicoria

y desobediente . . . . Vid

a propósito, como modo de ocultar sus incapaci-
dades . . . . Agrimonia

Estados de ánimo	*Remedios*
BURLÓN	Ceratostigma, Verbena

BUSCAR CONSUELO

necesita tras malas noticias/choque	Ornitógalo
necesita tras decepción	Genciana
desea para tener quietud	Violeta de agua
desea ser dejado a solas para meditar	Sauce

CABEZA DE CHORLITO	Clemátide, Escleranto, Cerasifera

CABEZONERÍA

en general, por naturaleza	Verbena, Vid Achicoria, Haya
en cuanto a la autodisciplina	Agua de roca
debido a coraje genuino	Roble

CAER EN LA CUENTA (repentinamente)	Ornitógalo

CAMBIANTE	Ceratostigma, Escleranto

CANSA A LOS DEMÁS

debido a su visión negativa	Sauce
debido a sus quejas	Achicoria
debido a su locuacidad	Brezo
debido a su apática falta de interés	Rosa silvestre
se cansa de los demás si no escuchan, no se dan cuenta, no obedecen, son demasiado lentos o estúpidos	Verbena, Vid, Impaciencia, Haya

CANSADO

en general	Olivo, Hojarazo
adormilado/escapista	Clemátide
de la vida	Castaño dulce

Estados de ánimo	*Remedios*

CAPACIDAD

falta de confianza en la propia . . . . Alerce

falta de confianza momentánea, debido a presión/
responsabilidad . . . . Olmo blanco

falta de fe/confianza en sí mismo . . . . Alerce, Ceratostigma,
Clemátide

creativa (positivo) . . . . Verbena, Vid, Haya

agresivamente seguro de la propia . . . . Impaciencia

CAPAZ

y se puede confiar en él . . . . Roble, Violeta de agua,
Vid

pero dubitativo cuando se halla bajo presión . . . Olmo blanco,

pero carece de confianza . . . . Alerce

pero fácilmente influenciado . . . . Nogal

pero quejicoso . . . . Achicoria, Verbena

CAPITULACIÓN . . . . Aulaga, Rosa silvestre,
Centaura, Agrimonia,
Castaño dulce

CARENCIAS . . . . Castaño dulce, Olivo

CARENTE DE OBJETIVO . . . . Rosa silvestre,
Avena silvestre

CARENTE DE TEMOR . . . . Roble

CARGA

cree ser para los demás . . . . Pino silvestre, Mostaza

manipula la atención alegando ser . . . . Achocoria

CARGADO

de trabajo . . . . Roble, Verbena,
Centaura, Agua de roca

Estados de ánimo	Remedios
de responsabilidad	Olmo blanco
con tormento mental	Castaño blanco, Agrimonia,
con presión mental	Olmo blanco, Castaño blanco, Verbena

CAUSAS DESCONOCIDAS

de la depresión	Mostaza
del temor	Álamo temblón

CÁUSTICO	Achicoria, Sauce, Acebo, Vid, Haya

CAUTO

por naturaleza	Roble, Violeta de agua
por suspicaz	Acebo
por temor	Mímulo, Álamo temblón
por incertidumbre	Escleranto, Ceratostigma
por dudar	Ceratostigma, Genciana

CELOS	Acebo
CENTRADO EN SÍ MISMO	Achicoria, Brezo, Sauce
CINISMO	Haya, Vid, Acebo, Sauce, Aulaga
CIRCUNSPECTO	Violeta de agua
CODICIOSO	Achicoria, Acebo

COMER

ansiosamente	Impaciencia, Verbena
le desagrada	Manzano silvestre
prefiere hacerlo en privado	Violeta de agua
tiene miedo de	Mímulo, Álamo temblón, Heliantemo

Estados de ánimo	Remedios

COMPAÑÍA

desea . . . . Agrimonia, Achicoria, Brezo, Ceratostigma, Verbena

aversión a la . . . . Impaciencia, Mímulo, Violeta de agua, Alerce

COMPASIÓN

de sí mismo . . . . Sauce, Achicoria

de los demás . . . . Centaura, Pino silvestre, Castaño rojo, Verbena, Agrimonia

COMPETITIVO . . . . Verbena, Vid, Agua de roca

COMPLACENCIA . . . . Rosa silvestre, Clemátide

COMPLEJO DE SUPERIORIDAD . . . . Violeta de agua, Vid, Haya, Agua de roca

COMPOSTURA . . . . Violeta de agua, Agua de roca, Roble

COMPRENSIÓN

carece de . . . . Haya, Vid, Impaciencia

a veces, cuando en contra de sus propias normas. Achicoria, Verbena

COMPULSIVO

hábitos . . . . Manzano silvestre

hablador . . . . Brezo, Achicoria, Verbena

comedor . . . . Manzano silvestre, Agrimonia

mentiroso, para obtener atención . . . . Brezo, Achicoria

Estados de ánimo	*Remedios*
COMUNICADOR, buen	Verbena, Roble, Violeta de agua

CONCENTRACIÓN

falta de	Clemátide, Castaño blanco
falta de, por indecisión	Escleranto
falta de, por no confiar en sí mismo	Ceratostigma
exceso de	Verbena, Agua de roca

CONCISO	Impaciencia, Vid

CONDESCENDIENTE	Vid, Violeta de agua, Agua de roca

CONFIANZA

falta de	Alerce, Ceratostigma, Escleranto, Olmo blanco

CONFIANZA EN SÍ MISMO

carece	Alerce
carece, por temor	Mímulo
carece, momentáneamente, cuando se halla bajo presión	Olmo blanco
carece, por no fiarse de sí mismo	Ceratostigma
carece, por indecisión	Escleranto
carece, por sentirse falto de esperanzas	Aulaga

CONFIRMACIÓN

busca	Ceratostigma

CONFRONTACIÓN

evita	Agrimonia, Centaura,
disfruta	Clemátide, Mímulo, Verbena, Vid

Estados de ánimo	*Remedios*
CONFUSIÓN	Escleranto, Ceratostigma, Avena silvestre

CONGESTIÓN mental

por preocupaciones	Castaño blanco
debido a ansiedad por los demás	Castaño rojo
por absorción egoísta	Achicoria, Brezo
por cuestiones de principio	Verbena
por preocuparse de trivialidades	Manzano silvestre

CONGOJA	Castaño dulce, Agrimonia

CONSECUCIÓN

duda de la propia capacidad	Alerce
ansioso de conseguir	Verbena, Impaciencia

CONSEJO

busca	Ceratostigma
influenciado por y sigue	Centaura
lo guarda hasta que se le pide	Ceratostigma, Nogal
ansioso por dar	Violeta de agua
dolido si no se acepta su	Achicoria, Verbena

CONSIDERACIÓN DE SÍ MISMO

pobre, debido a detestarse	Manzano silvestre
pobre, debido a sentimiento de culpa/autorreproche.	Pino silvestre
elevada, pero desea ser mejor	Agua de roca

CONSPIRACIÓN

sospechoso de	Acebo
temor irracional a una	Cerasifera

Estados de ánimo	*Remedios*
CONSTANCIA	Nogal

CONSUELO

disfruta y busca	Sauce, Achicoria
aversión al	Violeta de agua

CONTACTO OCULAR

lo evita nerviosamente	Mímulo, Álamo temblón
lo evita debido a apuro	Mímulo, Alerce, Pino silvestre, Manzano silvestre
lo evita debido a vergüenza/timidez	Mímulo, Centaura
lo evita para ocultar sentimientos	Agrimonia
poderoso, intenso	Verbena, Vid, Achicoria, Brezo, Impaciencia
intenso, pero agitado, debido a energía nerviosa . .	Impaciencia
mirada fija y ensoñadora/mira como a través de la persona	Clemátide
próximo al rostro, directo	Brezo

CONTAMINACIÓN	Manzano silvestre

CONTRARIADO	Sauce, Achicoria

CONTRARIAR

frustrado	Verbena,
se siente herido cuando se le contraria	Impaciencia, Haya, Nogal, Achicoria

CONTRATIEMPOS

desalentado por	Genciana
persevera a pesar de	Roble
cede a	Aulaga
atemorizado por	Mímulo

Estados de ánimo	*Remedios*

CONTROL

mental, falta de . . . . Cerasifera
deseo de controlar a los demás . . . . Achicoria, Vid

CONTROL DE SÍ MISMO

posee, por naturaleza . . . . Violeta de agua,
carece de . . . . Roble
puede perderlo, si se le provoca seriamente . . . . Cerasifera, Acebo, Verbena

CONTROVERSIAS

mentales . . . . Castaño blanco
disfruta con las . . . . Verbena, Achicoria,
evita las . . . . Sauce, Haya, Agrimonia,
Centaura, Violeta de agua,
Clemátide, Rosa silvestre

CONTUNDENTE . . . . Vid

CONVALECENCIA

fatiga durante la . . . . Hojarazo, Olivo
depresión indefinida durante la . . . . Mostaza
para ayudar a adaptarse en la . . . . Nogal

CONVENCIONES

amante de las . . . . Rosa silvestre, Agua de roca
para romper las viejas . . . . Nogal

CONVERSACIÓN

disfruta . . . . Brezo, Verbena,
Agrimonia, Achicoria
encuentra dificultades . . . . Mímulo, Alerce,
encuentra dificultades con el parloteo mundano/
trivial . . . . Violeta de agua, Impaciencia

Estados de ánimo	**_Remedios_**

CONVERTIR

deseo de . . . . Verbena, Haya, Agua de roca

CONVICCIÓN, fuerte sentido de . . . . Verbena, Vid, Agua de roca, Achicoria

COPIA a otros . . . . Ceratostigma

CORAJE

posee generalmente, por naturaleza . . . . Roble
de convicciones . . . . Verbena
falta de, debido al temor . . . . Mímulo, Álamo temblón, Heliantemo
falta de, debido a miedo al fracaso . . . . Alerce

CORDURA

teme por su propia . . . . Cerasifera

CORRECTO

arrogantemente cree estar siempre en lo . . . . Vid
cree que sus principios son lo . . . . Verbena, Haya, Agua de roca
no seguro de si está en lo . . . . Ceratostigma

CORREGIR

desea . . . . Achicoria, Verbena, Haya

CRÉDULO . . . . Ceratostigma, Clemátide

CREÍDO DE SU IMPORTANCIA . . . . Achicoria, Brezo, Vid

CRISPACIÓN . . . . Verbena, Impaciencia, Agua de roca, Haya, Vid

Estados de ánimo	*Remedios*
CRÍTICO	
con los demás	Haya, Achicoria, Verbena
consigo mismo	Pino silvestre, Agua de roca, Manzano silvestre
CRUELDAD	Vid
CRUZADO	Verbena
CULPA	Pino silvestre
CURIOSIDAD	
falta de	Rosa silvestre, Aulaga
CHARLATÁN	Brezo, Agrimonia, Ceratostigma, Achicoria, Impaciencia, Verbena
CHISMORREO	
charla nerviosa	Impaciencia, Agrimonia, Mímulo
para obtener la atención de su compañía	Brezo, Achicoria
predicación obsesiva	Verbena
DEBATE	
disfruta	Verbena
DEBER, gran sentido del	Agua de roca, Roble, Verbena
DEBILIDAD	
duda de su fuerza mental	Centaura
de voluntad débil	Mímulo
por falta de confianza	Alerce

Estados de ánimo	*Remedios*

DECISIÓN

incapaz de tomar . . . . Escleranto, Ceratostigma,
Avena silvestre

bueno para tomar . . . . Verbena, Vid, Violeta de agua

DEFENSIVA, actitud a la . . . . Sauce, Acebo, Verbena

DEFERENCIA . . . . Centaura, Ceratostigma,
Agrimonia

DEFINIDO

sentido de propósito . . . . Nogal, Verbena,
Agua de roca, Vid

DEFRAUDADO . . . . Genciana

DELEGAR

lo hace con las órdenes . . . . Vid

encuentra difícil; hace el trabajo él mismo . . . . . Verbena, Impaciencia,

demasiado tímido para . . . . Mímulo, Centaura

no desea . . . . Roble, Achicoria

feliz de ser liberado de la tarea . . . . Rosa silvestre

se siente fracasado si ha de . . . . Olmo blanco, Agua de roca

DELIRIO . . . . Cerasifera

DEMENTE

con temores irracionales/fuera de control . . . . . . Cerasifera

con desesperación . . . . Castaño dulce

con temores ocultos/tormento . . . . Agrimonia

teme por los demás . . . . Castaño rojo

con irritación . . . . Impaciencia

con confusión/indecisión . . . . Escleranto

Estados de ánimo	*Remedios*

DEMOSTRATIVO

en general . . . . Verbena, Vid, Achicoria,
Acebo, Impaciencia

no inclinado a ser . . . . Agrimonia, Centaura,
Violeta de agua

DENEGAR . . . . Vid

DEPENDE DE SÍ MISMO . . . . Impaciencia, Vid, Violeta
de agua, Roble, Verbena

DEPENDIENTE

de la gente para quejarse . . . . Achicoria

de la gente para obtener consejo . . . . Ceratostigma

de la gente para hablarla . . . . Brezo

de la gente para tener apoyo/fuerza . . . . Centaura

DEPRESIÓN

por razones conocidas; debido a contratiempo . . . Genciana

de causa desconocida . . . . Mostaza

pesimista . . . . Aulaga, Genciana

carente de esperanzas . . . . Aulaga

abatimiento completo . . . . Castaño dulce

desciende de pronto, como una nube negra . . . . Mostaza

introspectivo . . . . Sauce

NOTA: *Es importante tratar la causa de la depresión (por ejemplo, culpa, responsabilidad, etc.) como sea apropiado, además de la depresión en sí.*

DERIVA, a la . . . . Rosa silvestre, Clemátide

DERRUMBAMIENTO MENTAL

debido a exceso de trabajo/quemado . . . . Roble, Verbena, Olmo
blanco, Agua de roca

debido a tormento mental/desasosiego . . . . Agrimonia, Castaño blanco,
Cerasifera, Impaciencia,
Escleranto

Estados de ánimo	*Remedios*
DERRUMBAMIENTO NERVIOSO	Cerasifera, Roble, Escleranto, Verbena, Agrimonia, Castaño blanco
DESACUERDO	Verbena, Haya, Agua de roca, Vid
DESAFÍO	Vid, Haya, Achicoria
DESAGRADO de uno mismo	Manzano silvestre, Pino silvestre
DESALIENTO	Genciana, Olmo blanco

DESALIÑO

no puede tolerar	Agua de roca Manzano silvestre,
prefiere	Rosa silvestre, Hojarazo, Aulaga

DESÁNIMO

por falta de confianza	Alerce
por autorreproche/culpa	Pino silvestre
por sentimiento de inadecuación	Olmo blanco
procedente de un choque, malas noticias	Ornitógalo
por limitación debido a enfermedad	Roble
por sentirse sucio/indigno	Manzano silvestre, Sauce
debido a amargura	Mostaza
causa desconocida	Verbena
por frustración	Verbena, Roble
por exceso de trabajo	Olmo blanco
por cansancio	Hojarazo, Olivo
por lentitud, por ejemplo, del progreso	Impaciencia
congoja absoluta	Castaño dulce

DESAPASIONADO	Rosa silvestre

Estados de ánimo	Remedios
DESAPEGADO	Violeta de agua, Clemátide, Impaciencia
DESAPROBADOR	Agua de roca, Achicoria, Haya
DESASOSIEGO	
por tortura mental/preocupaciónes	Agrimonia, Castaño blanco
por indecisión	Escleranto
por impaciencia	Impaciencia
por exceso de entusiasmo	Verbena
por ansiedad/temores aprensivos	Álamo temblón, Mímulo, Castaño rojo
DESATENTO	Clemátide, Madreselva, Castaño blanco
DESCARADO	Sauce, Achicoria, Haya
DESCONCERTADO	Clemátide
DESCONFÍA de sí mismo	Ceratostigma
DESCONTENTO	
con sus ambiciones en la vida	Avena silvestre
con uno mismo	Agua de roca, Pino silvestre, Roble
con los demás	Sauce, Achicoria, Haya, Impaciencia
DESCORAZONADO	Genciana
DESDEÑOSO	
en general	Acebo, Haya, Vid

Estados de ánimo	*Remedios*
puede parecer que es	Violeta de agua, Agua de roca, Verbena
con uno mismo	Alerce, Manzano silvestre, Centaura, Pino silvestre

DESEO

falta de	Rosa silvestre, Olivo Hojarazo
excesivo	Impaciencia, Verbena, Áchicoria
negación/supresión del	Agrimonia, Violeta de agua, Agua de roca
siente repulsa del (sexual)	Manzano silvestre

DESEOSO

| lamentándose . . . . | Clemátide, Madreselva Pino silvestre |

DESEQUILIBRADO

en general	Nogal
por preocupaciones	Castaño blanco
por indecisión	Escleranto
por sentimiento de culpabilidad	Pino silvestre

DESESPERACIÓN . . . . Cerasifera, Castaño dulce

DESESPERANZA

| pesimista. . . . . | Aulaga |
| extrema . . . . | Castaño dulce |

DESESPERO

materialista	Aulaga, Genciana
debido al terror	Heliantemo
pesimista falta de esperanzas	Aulaga

Estados de ánimo	*Remedios*
desvalido, corazón destrozado, extremo	Castaño dulce, Mostaza
causa desconocida	Pino silvestre
por autoinculpación	Ornitógalo
debido a choque de vivir	Cerasifera

DESMAYO . . . . Clemátide

DESPISTADO

debido a pensamientos divagantes . . . . Clemátide
debido a cansancio . . . . Olivo

DESPRECIO

de los demás . . . . Haya, Vid, Acebo,
de los demás por su lentitud . . . . Impaciencia
de los demás por su debilidad . . . . Impaciencia
de sí mismo . . . . Vid, Manzano silvestre,
                                                          Pino silvestre

DESPREOCUPADO

debido a impaciencia . . . . Impaciencia
debido a aburrimiento . . . . Clemátide
debido a cansancio . . . . Olivo

DESTRUCTIVO . . . . Manzano silvestre, Acebo,
                                                            Sauce, Achicoria

DESVALIMIENTO . . . . Castaño dulce

DETERMINACIÓN . . . . Verbena, Vid, Roble,
                                                            Agua de roca, Impaciencia

DEVASTADO . . . . Ornitógalo, Castaño dulce

DEVOTO . . . . Agua de roca

Estados de ánimo	*Remedios*
DIATRIBAS MENTALES	Castaño blanco
DICTADORES	
consigo mismos	Agua de roca
con los demás	Haya, Achicoria, Vid, Impaciencia
DIGNIDAD	Violeta de agua
DILACIÓN	
por pereza	Hojarazo
por incertidumbre	Escleranto, Alerce
por temor	Mímulo
DILEMA	Escleranto, Avena silvestre
DILIGENCIA	Verbena, Roble
DIOS	
temor de	Mímulo, Álamo temblón
temor de, debido a culpa	Pino silvestre
temor de, farisaico	Agua de roca, Manzano silvestre
no cree en	Aulaga
enojo con/odio a	Acebo
amargura/resentimiento con pérdida de fe en . . .	Sauce, Castaño dulce
DIPLOMACIA	
carece de	Haya, Impaciencia, Vid, Acebo, Verbena
DIRIGE	
a los demás en la enfermedad, etc	Vid
los asuntos de los demás	Achicoria, Vid, Verbena

Estados de ánimo	*Remedios*
DISCIPLINA, auto-	Agua de roca

DISCIPLINARIO . . . . Vid

DISCUSIÓN

    disfruta . . . . Verbena
    evita, debido a timidez . . . . Mímulo
    evita, debido a que rehusa enfrentarse . . . . Agrimonia, Clemátide
    evita, debido a no estar seguro de su opinión . . Ceratostigma, Escleranto

DISCUTIDOR . . . . Haya, Verbena, Sauce,
                                    Achicoria, Acebo,
                                      Impaciencia

DISPARATADO . . . . Cerasifera, Verbena

DISTANTE . . . . Clemátide

DISTRAÍDO

    con pensamientos del futuro . . . . Clemátide
    con pensamientos del pasado . . . . Madreselva
    con pensamientos de nada . . . . Clemátide
    con preocupaciones . . . . Castaño blanco
    con pensamientos que revolotean . . . . Impaciencia, Escleranto

DÓCIL . . . . Centaura, Mímulo, Alerce

DOGMA

    sigue rígidamente . . . . Agua de roca
    se somete al . . . . Centaura, Rosa silvestre,
                                        Ceratostigma, Mímulo,
                                        Alerce
    se rebela contra el . . . . Vid

DOGMÁTICO . . . . Vid, Agua de roca, Verbena

Estados de ánimo	*Remedios*

DOLENCIAS

obsesionado por las . . . . Manzano silvestre, Brezo
disfruta hablando con detalle de las . . . . Brezo
se siente sucio debido a sus . . . . Manzano silvestre
temor a las . . . . Mímulo
agotado/seco por las . . . . Olivo
Ver también ENFERMEDAD.

DOMINACIÓN . . . . Vid, Achicoria, Brezo,
Verbena

DOMINADO . . . . Centaura, Ceratostigma,
Mímulo, Agrimonia

DOMINANTE . . . . Centaura, Ceratostigma,
Mímulo, Agrimonia

DORMIR

con facilidad . . . . Clemátide
sin recuperarse . . . . Hojarazo, Rosa silvestre
desea, debido a agotamiento . . . . Olivo

DUDA . . . . Genciana, Ceratostigma

DUELO

en el pesar . . . . Ornitógalo
con los recuerdos/remordimientos . . . . Madreselva
con desolado desespero . . . . Castaño dulce
con autorreproches/remordimientos . . . . Pino silvestre
y deseando el propio fallecimiento . . . . Clemátide

DURO . . . . Vid

EFERVESCENTE . . . . Agrimonia, Brezo,
Impaciencia, Verbena

Estados de ánimo	*Remedios*
EFICIENTE	Roble, Agua de roca, Violeta de agua, Verbena, Vid
EGOÍSTA	Achicoria
EGOTISTA	Haya, Vid, Verbena

EJEMPLO

quisiera ser, para que lo siguieran otros	Agua de roca
EMERGENCIAS	Remedio Rescate

EMOCIÓN

oculta	Agrimonia, Violeta de agua, Roble
plana/aparente ausencia de	Rosa silvestre

EMOCIÓN SUPRIMIDA

debido a choque	Ornitógalo
oculta detrás de la alegría	Agrimonia
EMPOLLÓN	Roble
EN TENSIÓN	Impaciencia, Agua de roca, Verbena

ENAMORADO

y soñador	Clemátide
pero celoso	Acebo
pero posesivo/aferrándose	Achicoria
ENCRUCIJADAS de la vida, incertidumbre en las	Avena silvestre

ENCUENTRA FALTAS

en los demás	Haya, Achicoria, Acebo, Impaciencia, Sauce, Verbena

Estados de ánimo	*Remedios*
en uno mismo	Pino silvestre, Agua de roca, Manzano silvestre

ENEMISTAD . . . . Acebo

ENERGÍA

falta de . . . . Olivo, Hojarazo, Rosa silvestre

exceso de . . . . Impaciencia, Verbena, Álamo temblón

ENÉRGICO . . . . Impaciencia, Verbena, Agrimonia

ENFÁTICO . . . . Verbena

ENFERMEDAD

simulada . . . . Achicoria, Brezo, Sauce

frustrado por la . . . . Roble

se siente sucio durante . . . . Manzano silvestre

temor a . . . . Mímulo

energía agotada debido a/ayuda en la convalecencia. Olivo

Ver también DOLENCIAS.

ENFERMO, sentirse

en general . . . . Manzano silvestre

por viajar . . . . Escleranto

Ver también ENFERMEDAD y DOLENCIAS.

ENFURECIDO . . . . Acebo, Verbena, Vid, Cerasifera, Haya

ENGREIMIENTO . . . . Vid, Haya

Estados de ánimo	*Remedios*

ENLOQUECEDOR

encuentra un asunto . . . . Verbena

encuentra a la gente . . . . Verbena, Haya, Vid

encuentra la lentitud . . . . Impaciencia

ENOJO

con los demás/asuntos triviales . . . . Impaciencia, Haya

debido a las restricciones físicas de una enfermedad. Roble

debido a frustración . . . . Verbena, Roble

ENRABIETADO

en general . . . . Acebo, Cerasifera

por la injusticia . . . . Verbena

ENSOBERBECIDO . . . . Violeta de agua, Vid, Haya, Agua de roca

ENSOÑACIÓN . . . . Clemátide, Madreselva

ENTEREZA . . . . Roble

ENTRETENIMIENTO

sin sentido de . . . . Mostaza, Aulaga

sentido malicioso/malévolo de . . . . Sauce

pretendido (poner cara de valor/alegría) . . . . Acebo, Achicoria, Agrimonia

ENTREVISTA

nervioso en relación con . . . . Remedio Rescate
Mímulo, Alerce

negativo en relación con . . . . Genciana, Aulaga,

temeroso/preocupado en relación con . . . . Mímulo, Castaño blanco

ENTRISTECIDO . . . . Sauce, Achicoria, Mostaza, Aulaga

Estados de ánimo	*Remedios*

ENTROMETERSE

para controlar/manipular . . . . Achicoria
para acelerar . . . . Impaciencia
para convencer . . . . Verbena

ENTUMECIMIENTO . . . . Clemátide, Ornitógalo

ENTUSIASMO

falta de, por agotamiento . . . . Olivo
falta de, por inercia . . . . Hojarazo, Rosa silvestre
falta de, por desinterés . . . . Clemátide, Rosa silvestre,
                                                                                                Mostaza
falta de, por depresión . . . . Castaño dulce, Aulaga,
                                                                                                Genciana, Sauce,
falta de, por preocupación . . . . Castaño blanco

ENTUSIASTA . . . . Verbena

ENVEJECIMIENTO

deseo de invertir el . . . . Madreselva, Brezo
                                                                                                Agua de roca
desagrado por el propio aspecto . . . . Manzano silvestre
temor al . . . . Mímulo, Heliantemo

ENVIDIA . . . . Acebo

EQUIDAD, gran creencia en la . . . . Verbena

ERRORES

no aprende de . . . . Brote de castaño
se culpa a sí mismo por los de otros . . . . Pino silvestre

ESCAPISMO mental . . . . Clemátide, Madreselva,
                                                                                                Agrimonia

Estados de ánimo	Remedios
ESCÉPTICO	Haya, Vid, Aulaga, Acebo
ESCRÚPULOS	Álamo temblón, Ceratostigma, Pino silvestre, Genciana, Agua de roca
ESFORZADO	Roble, Verbena

ESFUERZO

carece de, debido a ensoñación	Clemátide
carece de, debido a agotamiento	Olivo, Hojarazo
carece de, debido a resignación apática	Rosa silvestre
excesivo	Impaciencia, Verbena, Agua de roca

ESNOBISMO	Agua de roca, Haya, Vid, Brezo, Achicoria
ESPÍRITU COMBATIVO	Verbena, Roble

ESPIRITUALIDAD

para recuperar el sentido de	Nogal, Clemátide, Sauce, Acebo, Avena silvestre

ESTADO ANSIOSO

con vagos presentimientos	Álamo temblón
por el bienestar de otros	Castaño rojo
oculto, desasosiego	Agrimonia

ESTALLIDO

incontrolado	Cerasifera
encolerizado por la injusticia	Verbena
de abuso lleno de odio/rencor	Acebo

Estados de ánimo	*Remedios*

ESTANCAMIENTO

debido a inercia . . . . Rosa silvestre

debido a desinterés . . . . Madreselva, Aulaga, Mostaza, Sauce

debido a desánimo . . . . Genciana

debido a su incapacidad de aprender de la experiencia . . . . Brote de castaño

ayuda a ponerse en movimiento en caso de . . . . Nogal (en adición al remedio para la causa)

ESTIGMA

vergüenza debido a . . . . Manzano silvestre

frustrado/encolerizado por la injusticia de padecer un. Verbena

ESTOICISMO . . . . Violeta de agua

ESTRECHO DE MENTE . . . . Agua de roca, Haya

ESTRICTO

con los demás . . . . Haya, Achicoria, Verbena, Vid

consigo mismo . . . . Agua de roca

ESTUPIDEZ

intolerante con . . . . Haya, Vid, Impaciencia

EVITA

las discusiones . . . . Agrimonia, Centaura, Violeta de agua, Clemátide, Rosa silvestre,

la gente . . . . Violeta de agua, Mímulo, Haya, Impaciencia

enfrentarse a la realidad . . . . Agrimonia, Clemátide, Madreselva, Brote de castaño

Estados de ánimo	*Remedios*
EXACTITUD	Agua de roca, Verbena, Haya

EXAGERA

debido a entusiasmo	Verbena
debido a imaginación	Clemátide, Cerasifera
para atraer simpatía y atención	Achicoria, Brezo
los síntomas	Brezo

EXÁMENES

nerviosismo antes de	Mímulo, Remedio Rescate, Álamo temblón, Alerce
pereza antes de	Hojarazo
agotamiento debido a	Olivo
desánimo frente a	Genciana
indiferencia/carece de concentración	Rosa silvestre, Clemátide

EXASPERACIÓN	Verbena, Haya, Impaciencia, Castaño dulce

EXCESIVO	Agrimonia, Verbena, Impaciencia, Cerasifera, Manzano silvestre

EXCESOS

con los alimentos, pero luego se siente asqueado.	Manzano silvestre
en los proyectos, entusiásticamente	Verbena
apresuradamente	Impaciencia
se abstiene de, por educación	Violeta de agua
se abstiene de, por autorrepresión	Agua de roca
necesita ser protegido de	Nogal

EXCITABLE	Impaciencia, Verbena, Brezo, Agrimonia

Estados de ánimo	Remedios

EXCITACIÓN

busca, desea, ansioso de . . . . Clemátide, Agrimonia, Brezo

emocional, carece de . . . . Rosa silvestre Hojarazo, Aulaga, Mostaza

sentimiento inexplicable de . . . . Álamo temblón, Impaciencia, Verbena

EXCITACIÓN, en estado de

debido a incertidumbre/indecisión . . . . Escleranto, Ceratostigma

debido a temor . . . . Mímulo, Heliantemo

EXCUSAS . . . . Madreselva, Pino silvestre

EXIGENTE . . . . Vid, Achicoria, Brezo

ÉXITO

teme el . . . . Alerce

pesimista acerca de . . . . Genciana, Alerce, Aulaga

EXPECTANTE . . . . Álamo temblón, Impaciencia

EXPERIENCIA

no aprende de . . . . Brote de castaño

EXPRESIÓN

carece . . . . Rosa silvestre

evita . . . . Agrimonia, Violeta de agua

taciturna . . . . Mostaza, Aulaga, Sauce

EXPRESIÓN ALELADA . . . . Clemátide, Rosa silvestre

EXTRAÑOS

atemorizado de . . . . Mímulo

sospecha de . . . . Acebo

busca . . . . Brezo

Estados de ánimo	*Remedios*

EXTRAVIADO POR LOS DEMÁS

en ocasiones . . . . Centaura, Ceratostigma,
Nogal

EXTRAVERTIDO

por naturaleza . . . . Verbena, Vid
como máscara . . . . Agrimonia, Impaciencia,
Brezo

FACHADA . . . . Agrimonia

FALSAS ILUSIONES

en general, debido a imaginación . . . . Álamo temblón,
Cerasifera, Clemátide
de grandeza . . . . Cerasifera, Verbena,
Agua de roca, Achicoria

FALTA DE TACTO . . . . Vid, Achicoria, Impaciencia,
Haya, Verbena

FALLAR

espera/teme . . . . Alerce, Mímulo
sentimiento temporal de . . . . Olmo blanco
de alcanzar normas elevadas . . . . Agua de roca
a los otros . . . . Pino silvestre

FAMILIA

excesivamente preocupado por . . . . Achicoria, Castaño rojo

FANÁTICO . . . . Verbena

FANATISMO . . . . Verbena, Vid, Haya,
Agua de roca

FANTASÍAS . . . . Clemátide, Cerasifera

Estados de ánimo	*Remedios*
FARFULLAR	Brezo, Impaciencia, Agrimonia, Verbena
FARISAICO	Agua de roca, Haya, Verbena

FASTIDIO

se disculpa por ser . . . . Pino silvestre
enojado con/irritado por . . . . Haya, Impaciencia

FE

pérdida de . . . . Genciana, Aulaga, Castaño dulce
carece de, en uno mismo . . . . Ceratostigma, Olivo blanco, Alerce

FELICIDAD

anhela . . . . Clemátide, Ornitógalo, Castaño dulce

FEO

cree ser . . . . Manzano silvestre

FERVOR . . . . Verbena

FIABILIDAD

carece de, en los demás . . . . Acebo
carece de, en sí mismo . . . . Ceratostigma

FIABLE . . . . Roble

FIJACIÓN

con un proyecto . . . . Verbena
con la injusticia . . . . Verbena

Estados de ánimo	*Remedios*
con uno mismo	Brezo, Manzano silvestre
con los detalles	Manzano silvestre
con la limpieza	Manzano silvestre

FIJAS, ideas y opiniones .... Haya, Agua de roca,
Verbena, Vid

FILOSÓFICO

en general, por naturaleza .... Roble, Violeta de agua,
Clemátide, Rosa silvestre
con fuertes opiniones .... Verbena

FINGIMIENTO

de valor/felicidad .... Agrimonia

FINGIRSE ENFERMO

debido a responsabilidad .... Olmo blanco
debido a agotamiento .... Olivo
debido a pereza .... Rosa silvestre

FLOTAR, sensación de .... Clemátide

FOBIAS

conocidas, en general .... Mímulo, Heliantemo,
Castaño blanco
de la suciedad/contaminación/apariencia ...... Manzano silvestre
desconocidas/vagas .... Álamo temblón
irracionales .... Cerasifera

FOGOSO .... Acebo, Verbena,
Impaciencia, Cerasifera

FORTALEZA

de carácter .... Vid, Verbena, Roble,
Violeta de agua

Estados de ánimo	Remedios
autodisciplinado	Agua de roca, Violeta de agua
en cuestiones de principio	Verbena
en la enfermedad/mantiene contra la adversidad.	Roble

FRENÉTICO

con preocupación	Castaño blanco
con preocupación/ansiedad por los demás	Castaño rojo
con temores irracionales	Cerasifera, Álamo temblón
en situación de crisis	Remedio Rescate

FRÍVOLO   Impaciencia, Acebo

FRUSTRACIÓN

en general	Verbena, Nogal
con la lentitud	Impaciencia
incontrolable	Cerasifera

FUERTE   Vid, Verbena, Roble, Achicoria

FUNCIONAR

funciona bien, incluso bajo presión	Roble
funciona bien hasta que está bajo presión	Olmo blanco

FURIOSO   Impaciencia, Haya, Verbena

FUTURO

temor al	Álamo temblón, Mímulo, Agrimonia
mira hacia el	Clemátide
no tiene interés en	Madreselva
se preocupa por	Castaño blanco, Agrimonia

Estados de ánimo	*Remedios*
GEMIDOS	Sauce, Achicoria, Aulaga

GEMIR

con pena de sí mismo . . . . Sauce, Achicoria
Ver también MÁRTIR.

GENIO

violento, incontrolado . . . . Cerasifera
vivo, fogoso . . . . Impaciencia, Verbena,
                                          Vid, Acebo
inestable . . . . Escleranto, Cerasifera
controlado, pero frustrado fastidio
    debido a restricción o incapacidad . . . . Roble

GOBERNADO

por falta de fuerza interior . . . . Centaura, Agrimonia
por susceptibilidad a una influencia . . . . Ceratostigma, Nogal
se rebela contra los intentos por ser . . . . Vid, Verbena, Haya

GOBERNAR

desea . . . . Vid

GRACIAS

espera, desea . . . . Achicoria

GRANDES EXCESOS

en general . . . . Vervaun, Brezo, Achicoria
y se siente asqueado . . . . Manzano silvestre
incontrolado para ayudar a romper el hábito de . . Cerasifera, Nogal,
                                          Brote de castaño

GREGARIO . . . . Agrimonia, Brezo

Estados de ánimo	*Remedios*

GRITÓN

a la primera oportunidad, sobre sí mismo . . . . . . Brezo

testarudo en cuanto a sus creencias . . . . Verbena

obstinadamente . . . . Vid

GUÍA

busca . . . . Ceratostigma

ofrece . . . . Verbena, Vid, Achicoria

ofrece para criticar . . . . Haya

ofrece para servir de ejemplo . . . . Agua de roca

ofrece tranquilamente cuando se le pide . . . . Violeta de agua

HÁBITOS

irritado por . . . . Haya

para romper . . . . Nogal, Brote de castaño

HABLA CON RAPIDEZ

por naturaleza . . . . Impaciencia, Brezo

debido a temor/ansiedad . . . . Agrimonia, Mímulo,
Impaciencia

debido a gran entusiasmo . . . . Verbena

HACENDOSO . . . . Manzano silvestre,
Achicoria, Agua de roca

«HACER TEATRO» . . . . Achicoria, Sauce, Verbena,
Vid, Clemátide

HACERLE RECORDAR

y entristecido por los recuerdos . . . . Madreselva

necesita, debido a que olvida . . . . Clemátide

necesita, debido a que tiene la mente llena . . . . Castaño blanco, Verbena

necesita, repetidamente . . . . Brote de castaño, Clemátide

irritado de que se le recuerden sus defectos . . . . Verbena, Vid, Impaciencia

Estados de ánimo	*Remedios*

HASTIADO

Ver también ABURRIMIENTO . . . . Rosa silvestre, Clemátide

HASTÍO

por agotamiento . . . . Olivo
por apatía . . . . Hojarazo, Rosa silvestre
por exceso de trabajo, pero sigue adelante . . . . . Centaura, Roble,
Agua de roca

HECHIZADO . . . . Clemátide, Centaura

HECHO PEDAZOS

por las noticias . . . . Ornitógalo, Remedio Rescate
por el agotamiento . . . . Olivo
por el exceso de trabajo . . . . Verbena, Roble, Centaura
por el estrés . . . . Verbena, Olmo blanco,
Agrimonia
en situación de crisis . . . . Remedio Rescate

HIGIENE

obsesionado con la . . . . Manzano silvestre

HIPERACTIVO . . . . Verbena, Impaciencia,
Cerasifera

HIPNOTIZADO . . . . Clemátide

HIPOCONDRIA . . . . Brezo, Manzano silvestre

HIPOCRESÍA . . . . Escleranto, Ceratostigma,
Centaura, Agrimonia

HISTERIA . . . . Cerasifera, Remedio
Rescate

Estados de ánimo	*Remedios*

HISTRIÓN

para atraer la simpatía o atención . . . . Achicoria, Sauce

HORRORIZADO . . . . Heliantemo, Ornitógalo

HOSCO . . . . Sauce, Aulaga

HOSTILIDAD

debido a odio/suspicacia/envidia/celos . . . . Acebo
debido a intolerancia . . . . Haya
debido a irritación con la lentitud . . . . Impaciencia

HUMOR

oculta las emociones detrás del, como un payaso . Agrimonia
carece de sentido del . . . . Sauce, Mostaza, Aulaga

HUMOR VARIABLE . . . . Escleranto, Mostaza,
Ceratostigma, Nogal

HUNDIDO . . . . Genciana, Sauce, Mostaza

HUYE DE

responsabilidad . . . . Olmo blanco
problemas . . . . Agrimonia, Clemátide

IDEALISTA

del futuro/fantasías . . . . Clemátide
no es práctico . . . . Clemátide
perfeccionismo sobreentusiasta . . . . Verbena
con uno mismo . . . . Agua de roca
ideales elevados . . . . Verbena, Haya, Impaciencia,
Agua de roca
incapaz de realizar sus ambiciones . . . . Avena silvestre

Estados de ánimo	Remedios

IDENTIDAD

carece de . . . . Ceratostigma, Agrimonia, Centaura

IMAGEN

carece de definición . . . . Ceratostigma, Centaura, Manzano silvestre

le disgusta su propia . . . . Pino silvestre

elevada opinión de su propia . . . . Agua de roca, Brezo, Achicoria, Vid

IMAGEN DEL CUERPO

pobre sentido de la, debido a desagrado de uno mismo . . . . Manzano silvestre

pobre sentido de la, debido a incertidumbre . . . . Ceratostigma

pobre sentido de la, y trata de ocultarlo con la jovialidad . . . . Agrimonia

consideración excesiva de la, imponiéndose un régimen de vida estricto . . . . Agua de roca

IMAGINACIÓN

creativa . . . . Clemátide

exagerada . . . . Cerasifera, Heliantemo

carece de . . . . Rosa silvestre, Aulaga

viva . . . . Clemátide, Cerasifera

influenciado por . . . . Nogal

IMITA

por carecer de identidad propia/certeza . . . . Ceratostigma

por ser fácilmente dirigido . . . . Centaura, Nogal

IMPACIENTE . . . . Impaciencia

IMPARCIALIDAD . . . . Rosa silvestre, Escleranto, Ceratostigma, Clemátide

Estados de ánimo	*Remedios*
IMPERTINENCIA	Haya, Sauce, Achicoria
IMPETUOSO	Impaciencia, Verbena, Cerasifera
IMPLACABLE	Roble, Verbena
IMPOSITIVO	Verbena, Vid
IMPRECISO	Clemátide, Ceratostigma, Escleranto, Rosa silvestre
IMPREDECIBLE	Escleranto, Cerasifera, Clemátide, Impaciencia

IMPRESIÓN

trata de causar	Sauce, Achicoria
trata de causar, para obtener simpatía	Sauce, Achicoria
trata de causar, a fin de convertir	Verbena
trata de causar, a modo de ejemplo	Agua de roca

IMPRESIONADO	Ornitógalo, Clemátide

IMPULSIVO

rápido y ávido/apresurado/impetuoso	Impaciencia
irracional/descontrolado/temor a lo	Cerasifera
sobreentusiasta/apresurado	Verbena
interpreta una fantasía imaginaria	Clemátide
convirtiéndose en un bálsamo para los impulsos	Centaura, Nogal

IMPUREZA

le desagrada/se siente contaminado por	Manzano silvestre

INADECUACIÓN, sentimiento de

por faltarle confianza	Alerce, Olmo blanco

Estados de ánimo	*Remedios*
por no fiarse de sí mismo	Ceratostigma, Escleranto
por sentimiento de culpa	Pino silvestre
por temor/vergüenza/timidez	Mímulo
INCANSABLE	Roble, Verbena, Agua de roca, Vid
INCERTIDUMBRE	Escleranto
por no confiar en sí mismo	Ceratostigma
por falta de fe	Genciana, Ceratostigma
por falta de esperanza	Aulaga
por falta de fuerza	Hojarazo
en cuanto a sus ambiciones	Avena silvestre
debido a que duda de ser capaz de cumplir con su responsabilidad	Olmo blanco
por falta de confianza	Alerce
INCONSCIENTE	Clemátide, Rosa silvestre
INCONSTANTE	
debido a incertidumbre	Escleranto
debido a no confiar en sí mismo	Ceratostigma
por ser influenciado fácilmente	Centaura, Ceratostigma, Agrimonia, Mímulo
INCULPAR	
a los demás	Sauce, Achicoria, Haya, Vid
a sí mismo	Pino silvestre, Manzano silvestre, Castaño rojo, Centaura, Agrimonia
INDECISIÓN	
acerca de la dirección a seguir en la vida	Escleranto
acerca de los propios juicios/instintos	Avena silvestre, Ceratostigma

Estados de ánimo	Remedios
INDECISO	Mímulo, Alerce, Ceratostigma, Escleranto
INDEPENDENCIA	Violeta de agua, Roble, Impaciencia, Vid

INDIFERENCIA

a la vida	Clemátide, Rosa silvestre, Mostaza
hacia las necesidades de los demás	Haya, Vid, Achicoria, Acebo, Impaciencia

INDIGNADO	Achicoria, Verbena, Haya
INERCIA	Hojarazo, Rosa silvestre
por agotamiento	Olivo
por depresión	Aulaga

INFELIZ

con el presente	Clemátide
sin razón	Mostaza
debido a amargura/pena de sí mismo	Sauce
debido a celos	Acebo
por anhelar el pasado	Madreselva
por sentimiento de culpabilidad	Pino silvestre
por agotamiento	Olivo
consigo mismo	Escleranto, Ceratostigma, Manzano silvestre, Pino silvestre, Agua de roca, Alerce, Centaura

INFLEXIBLE	Verbena, Vid

INFLUENCIADO

en el sendero de la vida	Nogal, Ceratostigma Avena silvestre

Estados de ánimo	Remedios
fácilmente, siendo dominado por los otros	Centaura
por la decisión de los otros	Ceratostigma, Aulaga, Centaura, Agrimonia
por las demoras e impedimentos	Genciana
por mor de la paz	Agrimonia
debido a celos/envidia	Acebo

INFRACCIONES

se culpa a sí mismo/se siente culpable de los errores de otros	Pino silvestre
culpa a otros	Sauce, Haya, Vid, Achicoria
se condena a sí mismo por	Manzano silvestre, Pino silvestre, Agua de roca

INMEDIATEZ

exige	Impaciencia, Vid

INMISERICORDE . . . . Vid, Acebo

INMODERADO . . . . Achicoria, Brezo
   y luego se siente asqueado . . . . Manzano silvestre
   y luego se siente culpable . . . . Pino silvestre

INQUEBRANTABLE . . . . Roble, Verbena, Vid, Violeta de agua, Centaura

INQUIETUD
   vago sentido de, aprensiva . . . . Álamo temblón
   en compañía de los demás . . . . Mímulo, Alerce

INQUIETUD, estado de
   debido a tensión . . . . Verbena
   debido a diatribas/preocupaciones mentales . . . . Castaño blanco, Agrimonia
   debido a temor . . . . Mímulo, Álamo temblón, Heliantemo, Castaño rojo
   debido a agitación/irritabilidad . . . . Impaciencia, Haya, Verbena

Estados de ánimo	*Remedios*
debido a tormento interior	Agrimonia
debido a pensamientos vejatorios	Acebo
debido a que teme perder el control de sí mismo	Cerasifera
debido a imaginaciones violentas	Cerasifera
debido a indecisión	Escleranto, Verbena, Impaciencia, Achicoria, Clemátide

INQUISITIVO . . . . Verbena, Impaciencia, Achicoria, Clemátide

INSATISFACCIÓN

debido a ambiciones incumplidas . . . . Avena silvestre
a frustración/restricción . . . . Nogal, Verbena, Impaciencia
debido a limitaciones durante una enfermedad . . Roble
por resentimiento . . . . Sauce
por envidia, celos . . . . Acebo
con uno mismo . . . . Agua de roca, Pino silvestre
con los demás . . . . Haya, Achicoria, Vid

INSEGURIDAD

en general . . . . Ceratostigma, Alerce
por temor . . . . Mímulo, Castaño rojo
y se aferra a otros . . . . Brezo, Achicoria
necesita ser amado/protegido . . . . Achicoria

INSENSATO . . . . Ceratostigma

INSENSIBLE . . . . Vid, Haya, Achicoria

INSOCIABLE

parece ser . . . . Violeta de agua
debido a mal humor . . . . Sauce
debido a vergüenza/timidez . . . . Mímulo
debido a falta de confianza . . . . Alerce
debido a terquedad/presunción . . . . Vid

Estados de ánimo	*Remedios*

INSOMNIO

por preocupaciones/diatribas mentales/pensamientos atormentantes . . . . Castaño blanco, Verbena

por tensión . . . . Agua de roca

por gran agotamiento . . . . Olivo

por pena . . . . Ornitógalo, Madreselva, Remedio Rescate

por desasosiego . . . . Verbena, Agrimonia, Impaciencia

por ansiedad . . . . Álamo temblón, Agrimonia

por temor . . . . Mímulo, Heliantemo

INSTANTÁNEO

desea acción instantánea . . . . Impaciencia, Verbena

INSTINTOS

sigue . . . . Verbena

no confía en . . . . Ceratostigma, Escleranto

INTENSO . . . . Verbena

INTERÉS

falta de, debido a pensamientos que le distraen . . Clemátide, Madreselva, Olivo, Hojarazo

falta de, debido a fatiga . . . . Rosa silvestre

falta de, debido a apatía/resignación . . . . Castaño blanco

falta de, debido a preocupación . . . . Aulaga, Mostaza

falta de, debido a depresión . . . . Brezo

falta de, debido a estar absorto en sí mismo . . . . Sauce

falta de, debido a amargura demasiado, en general, especialmente en cuestiones de principio . . . . Verbena

demasiado, en los asuntos de los demás . . . . Achicoria

INTERÉS EN SÍ MISMO . . . . Achicoria, Brezo, Agua de roca, Haya, Sauce

Estados de ánimo	*Remedios*

INTERFERENCIA

en los asuntos de los demás . . . . Achicoria

quejándose y criticando . . . . Achicoria

hablando de sí mismo . . . . Brezo

dominando . . . . Vid

con la persuasión . . . . Verbena

haciendo preguntas . . . . Ceratostigma

con la venganza . . . . Acebo

con pensamientos/discusiones mentales . . . . Castaño blanco

estableciendo un ejemplo rígido . . . . Agua de roca

sin deseos de . . . . Violeta de agua

protección frente a . . . . Nogal

INTIMIDADO . . . . Centaura, Mímulo, Nogal,
Agrimonia

INTIMIDANTE . . . . Vid

INTOLERANCIA . . . . Haya

con la lentitud . . . . Impaciencia

con la inexactitud . . . . Verbena, Agua de roca

INTROSPECCIÓN . . . . Sauce, Brezo

por sentido de culpabilidad . . . . Pino silvestre

INTROVERTIDO . . . . Centaura, Mímulo

debido a ensoñación . . . . Clemátide

debido a mal humor/pena de sí mismo . . . . Sauce

parece ser, debido a distanciamiento solemne . . . Violeta de agua

por preocupaciones . . . . Castaño blanco

por indecisión . . . . Escleranto

por razones egoístas . . . . Achicoria

INTUICIÓN, desconfía de la . . . . Ceratostigma

Estados de ánimo	*Remedios*
INUTILIDAD, sentimiento de	Ceratostigma, Pino silvestre, Genciana, Aulaga, Alerce, Olmo blanco

INVENTA CUENTOS

para atraer la atención	Brezo, Achicoria, Sauce
debido a una imaginación hiperactiva	Clemátide, Cerasifera
maliciosamente	Acebo

INVOCA LA ENFERMEDAD

para atraer simpatías	Achicoria, Brezo
para manipular a los demás	Achicoria
por resentimiento/pena de sí mismo	Sauce
para escapar de la realidad	Clemátide
para escapar del temor	Mímulo
debido a falta de confianza	Alerce

IRA

debida a odio/envidia	Acebo
debida a injusticia	Verbena
incontrolada	Cerasifera
con uno mismo por su debilidad	Centaura
con uno mismo por su vacilación/indecisión ...	Escleranto
con uno mismo por el fracaso	Agua de roca
con la lentitud	Impaciencia
con la estupidez de los demás	Haya

IRRACIONAL

pensamientos, en general	Cerasifera
temores, a un acto dañino	Cerasifera
ansiedad	Álamo temblón

IRRITABILIDAD

en general	Impaciencia
con los manierismos y hábitos de los demás	Haya

Estados de ánimo	*Remedios*
debido a egoísmo	Achicoria
debido a mal carácter	Acebo, Sauce
debido a frustración con la insensibilidad/injusticias.	Verbena

IRRITABLE . . . . Impaciencia, Haya, Sauce

IRRITANTE

debido a intensidad	Verbena
debido a impaciencia	Impaciencia
debido a indecisión	Escleranto, Ceratostigma
debido a persistencia	Verbena, Brezo

JOVIALIDAD, falsa . . . . Agrimonia

JUBILACIÓN

adaptación a/se siente inquieto por . . . . Nogal
encuentra difícil «desconectar» del trabajo activo . . Verbena
causando repliegue debido a inactividad desacos-
    tumbrada . . . . Verbena, Sauce, Clemátide
                                                                        Madreselva
causando incertidumbre acerca del futuro/se siente
    perdido . . . . Avena silvestre

JUICIOS

desconfía de los propios	Ceratostigma
suspicaz/desconfiado de los de los demás	Acebo
temeroso de	Mímulo, Heliantemo
los hace apresurados	Impaciencia
abiertamente críticos	Verbena, Haya

JUSTICIA

gran creencia en . . . . Verbena

JUVENTUD

obsesiva preservación de . . . . Agua de roca, Manzano
                                                                    silvestre, Brezo, Madreselva

Estados de ánimo	*Remedios*
obsesionado con, debido a temor a envejecer ..	Heliantemo, Mímulo, Agrimonia
obsesionado por su estado físico/forma física/hace exceso de ejercicio	Agua de roca

KARMA

sometimiento al	Clemátide
aceptación sin cuestionarse	Rosa silvestre
temeroso de las consecuencias del	Mímulo, Álamo temblón, Heliantemo
influenciado en exceso por/se siente controlado por.	Nogal, Manzano silvestre, Centaura

LABERINTO

como perdido en	Avena silvestre, Escleranto, Clemátide

LÁGRIMAS

fácilmente proclive a, debido a pena de sí mismo.	Achicoria, Sauce
por inestabilidad	Escleranto
por desesperación	Castaño dulce
por completo agotamiento	Olivo
debido a sensibilidad	Centaura, Mímulo, Castaño rojo, Nogal
fácilmente movido a, debido a sensibilidad a las influencias	Nogal
por sentimentalismo	Madreselva, Violeta de agua
ocultas/llora en solitario	Agrimonia

Ver también LLORA FÁCILMENTE, SENSIBILIDAD y LLANTINA.

LANGUIDECER	Madreselva, Clemátide

LAXITUD

en general	Hojarazo, Rosa silvestre, Olivo, Clemátide

Estados de ánimo	*Remedios*
debido a pena de sí mismo/resentimiento	Sauce
debido a depresión	Aulaga, Mostaza, Castaño dulce

LAVADO DE CEREBRO

realiza	Verbena, Vid, Achicoria, Agua de roca
sucumbe a/influenciado por	Nogal, Ceratostigma, Clemátide, Rosa silvestre, Centaura, Agrimonia

LAVADO DE MANOS

obsesivo, debido a un sentimiento de suciedad . .   Manzano silvestre
Ver también SUCIEDAD.

LAXO . . . .   Rosa silvestre, Clemátide,
Hojarazo, Escleranto,
Ceratostigma, Alerce

LENGUA VIPERINA

debido a rencor/odio	Acebo
enojo/intolerancia con irritación	Haya
y amargura/egoísmo	Sauce, Achicoria
crítico, mordazmente acusador	Achicoria, Haya, Vid

LENTITUD

irritado por . . . .   Impaciencia

LENTO

en aprender/corregir errores pasados	Brote de castaño
por carecer de interés	Clemátide
por indecisión	Escleranto
en ponerse en marcha	Hojarazo

Estados de ánimo	*Remedios*

LETARGIA

en general .... Hojarazo, Rosa silvestre

desprecia .... Agua de roca

LIBERACIÓN

deseo de............................. Castaño dulce, Clemátide,
                                      Cerasifera

deseo de, por deber .... Centaura, Castaño blanco,

deseo de, por tormento mental .... Agrimonia

LIBERTAD

deseo anhelante de (por tormento) .... Castaño dulce, Clemátide,
                                              Agrimonia, Cerasifera

desea, por responsabilidad .... Olmo blanco

desea, por deber .... Centaura

siente claustrofobia sin .... Violeta de agua, Impaciencia

LIBRARSE

anhela, de un trabajo servil .... Centaura

anhela, como escape de las circunstancias presentes. Clemátide

anhela, de la vida .... Clemátide

anhela, por angustia .... Castaño dulce

anhela, por sentido de culpabilidad .... Pino silvestre

anhela, por tormento .... Agrimonia, Castaño blanco

anhela, por la contaminación de la enfermedad .. Manzano silvestre

LIDERAZGO .... Vid, Verbena, Violeta de agua

LIMPIADOR .... Manzano silvestre

LÍVIDO .... Acebo, Verbena, Cerasifera,
                                            Vid

LOCUAZ

en general .... Brezo, Achicoria,
                                      Ceratostigma, Verbena,
                                      Agrimonia

Estados de ánimo	*Remedios*
acerca de sí mismo	Brezo
para atraer la atención	Brezo, Achicoria
para recibir reafirmación/guía	Ceratostigma
acerca del pasado	Madreselva
con explicaciones, opiniones	Verbena
nerviosamente, acerca de temores	Heliantemo, Mímulo, Cerasifera
nerviosamente, como medio de enmascarar los problemas	Agrimonia
impacientemente	Impaciencia

LOCURA

temor a la	Cerasifera
sensación de	Clemátide
sensación de, debido a frustración	Verbena, Impaciencia

LUJURIA	Achicoria, Verbena, Brezo, Cerasifera

LUNÁTICO	Cerasifera, Agrimonia, Impaciencia

LUTO

choque/atontamiento inicial	Ornitógalo
abatimiento, vacío	Castaño dulce
anhelando la propia muerte	Clemátide
pensamientos llenos de recuerdos pasados	Madreselva
para proteger del, y la adaptación al	Nogal
con sentido de culpa/reproches a sí mismo	Pino silvestre
con resentimiento/pena de sí mismo	Sauce

LLENO DE PENA

debido a pena/pérdida	Ornitógalo
completamente desolado/abatido	Castaño dulce
debido a pena de sí mismo	Sauce, Achicoria

Estados de ánimo	*Remedios*
por razón desconocida	Mostaza
recordando los buenos y viejos días del pasado . .	Madreselva
fácilmente afectado por el sentimiento	Madreselva, Nogal, Castaño rojo, Achicoria

LLORA CON FACILIDAD

en general	Achicoria, Sauce
debido a cambios de humor	Escleranto
por ser altamente sensible	Nogal, Mímulo
debido a una depresión/melancolía indefinible . . .	Centaura
debido a una crisis emocional	Mostaza, Remedio Rescate

Ver también LÁGRIMAS, SENSIBILIDAD y LLANTINA.

LLANTINA

por pena de sí mismo	Achicoria, Sauce, Brezo
con desesperación extrema	Castaño dulce
con remordimientos	Pino silvestre
con pesar	Ornitógalo, Castaño dulce
con sentimentalismo	Madreselva
con alivio	Nogal, Madreselva, Agrimonia
llora a solas/oculta sus lágrimas de los demás . . .	Violeta de agua, Agrimonia

Ver también LLORA CON FACILIDAD, SENSIBILIDAD y LÁGRIMAS.

MACABROS, pensamientos	Mustrad, Cerasifera, Castaño blanco

MAL COMPORTAMIENTO

para atraer la atención	Achicoria, Brezo, Sauce
debido a la fuerza de la propia voluntad	Vid
debido al deseo de seguir el propio camino	Vid, Achicoria
debido al temor	Mímulo, Heliantemo
debido a ser conducido por una personalidad más fuerte	Centaura, Nogal, Ceratostigma
tratando de impresionar	Agrimonia, Achicoria

Estados de ánimo	Remedios
MALAS NOTICIAS	Ornitógalo

MALESTAR

lo vocea	Verbena, Acebo, Vid
no se queja	Centaura, Agrimonia, Mímulo, Alerce
permite que se pudra interiormente	Sauce, Achicoria, Castaño blanco, Acebo, Agrimonia

MALÉVOLO	Acebo

MAL HUMOR	Sauce, Achicoria

MALICIA	Acebo
temor a actuar por	Cerasifera

MALICIOSOS

tendencias	Acebo
pensamientos, discusiones mentales	Castaño blanco, Acebo, Sauce

MALINTENCIONADO	Haya, Sauce, Vid, Achicoria, Verbena, Agua de roca

MANCHAS

obsesionado con	Manzano silvestre

MANDÓN	Achicoria, Vid,

Impaciencia, Haya, Verbena

MANÍA

pensamientos	Cerasifera, Castaño blanco
con depresión	Mostaza, Escleranto
suicida	Cerasifera

Estados de ánimo	*Remedios*

MANIERISMOS

irritado por . . . . Haya

irritado por la lentitud de . . . . Impaciencia

los usa abundantemente para ilustrar el punto . . Verbena

MANIÁTICO

con los detalles . . . . Manzano silvestre,
Agua de roca

con la autoperfección . . . . Agua de roca

con la limpieza . . . . Manzano silvestre

con los principios elevados . . . . Verbena

MANIPULADO . . . . Centaura, Agrimonia

MANIPULADOR . . . . Achicoria

MAÑANA

mira hacia . . . . Clemátide

teme . . . . Mímulo, Álamo temblón

preocupado por . . . . Castaño blanco,

no puede aguardar a que llegue . . . . Impaciencia

MAREOS VIAJANDO . . . . Escleranto

MAREOS VOLANDO . . . . Remedio Rescate,
Escleranto, Nogal

MÁRTIR

de una causa . . . . Verbena

para atraer afecto/atención . . . . Achicoria, Brezo

por resentimiento . . . . Sauce

de los propios ideales . . . . Agua de roca

como ejemplo para los demás . . . . Agua de roca

MÁRTIR, hace de sí mismo . . . . Centaura, Agua de roca,
Achicoria, Sauce

Estados de ánimo	*Remedios*

MÁSCARA

jovial, para ocultar temores, preocupaciones, etc . . Agrimonia

MASCARADA . . . . Agrimonia

MASOQUISMO mental . . . . Agua de roca, Manzano
silvestre, Pino silvestre,
Cerasifera, Castaño blanco

MATAR

deseo irracional de . . . . Cerasifera
deseo odioso de . . . . Acebo
preocupado en demasía por la matanza accidental
de insectos . . . . Castaño rojo, Pino silvestre,
Centaura
preocupado en demasía por la matanza de animales. Castaño rojo, Verbena,
Centaura, Pino silvestre

MATERNAL . . . . Achicoria

posesiva/egoísta/quejicosamente . . . . Achicoria
ansiosa sin egoísmo . . . . Castaño rojo
delicada e inegoístamente protectora . . . . Centaura

MEDITABUNDO

sobre el futuro . . . . Clemátide, Genciana
sobre la desgracia . . . . Sauce, Castaño blanco,
sobre la toma de decisiones . . . . Castaño dulce, Escleranto

MEDITATIVO . . . . Clemátide

MEGALOMANÍA . . . . Cerasifera, Verbena,
Agua de roca, Achicoria

MELANCOLÍA . . . . Aulaga, Castaño dulce

sin razón conocida . . . . Mostaza

Estados de ánimo	*Remedios*

MELANCÓLICO

la depresión va y viene . . . . Mostaza
el estado de ánimo oscila . . . . Escleranto
con pena de uno mismo, egoísta . . . . Sauce, Achicoria

MEMORIA

mala, por falta de concentración . . . . Clemátide, Madreselva
mala, por estar la mente llena de otras cosas . . . Verbena, Castaño blanco

MENTE DÉBIL . . . . Escleranto, Ceratostigma

METABOLISMO (de la energía mental)

letárgico . . . . Hojarazo, Rosa silvestre
hiperactivo . . . . Impaciencia, Verbena
hiperactivo, debido a temor/ansiedad . . . . Heliantemo, Álamo temblón
lento, ensoñador . . . . Clemátide
lento, por depresión . . . . Mostaza, Aulaga,
                                                                                                            Castaño dulce

METAMORFOSIS

ayuda durante . . . . Nogal

METER PRISA

sensación de . . . . Impaciencia
hiperactividad . . . . Verbena, Impaciencia

METICULOSO

en general, por naturaleza . . . . Agua de roca, Verbena,
concentración excesiva hasta los detalles . . . . . . Haya, Manzano silvestre

METÓDICO . . . . Roble, Agua de roca,
                                                                                                            Verbena, Rosa silvestre

METOMENTODO . . . . Achicoria, Brezo, Verbena,
                                                                                                            Ceratostigma

Estados de ánimo	*Remedios*

MIEDO ESCÉNICO

entra en pánico . . . . Heliantemo, Cerasifera

se preocupa con anterioridad . . . . Remedio Rescate

debido a falta de confianza . . . . Castaño blanco, Álamo
tembón, Mímulo

lo oculta detrás de una exhuberancia . . . . Alerce, Agrimonia

MISANTROPÍA . . . . Acebo, Haya

MISERIA

en general, de aspecto . . . . Sauce

con pena de uno mismo . . . . Sauce, Achicoria

con pesimismo/duda . . . . Genciana, Aulaga

con nube de depresión . . . . Mostaza

con desolado desespero . . . . Castaño dulce

oculta . . . . Agrimonia, Violeta de agua,
Roble, Centaura

MODESTO . . . . Centaura, Alerce, Mímulo

MOFA . . . . Acebo, Vid, Haya

MOHÍNO . . . . Clemátide, Madreselva

MOLDEAMIENTO DEL CARÁCTER

quienes tratan de convertir a otros . . . . Verbena, Achicoria,
Agua de roca

quienes son afectados por los otros . . . . Ceratostigma, Nogal,
Centaura, Agrimonia

MOLESTO . . . . Impaciencia, Haya, Acebo,
Verbena

MONÓTONO . . . . Mostaza, Aulaga,
Rosa silvestre

Estados de ánimo	*Remedios*

MORALIDAD

para autoperfeccionamiento . . . . Agua de roca
en apoyo de los demás . . . . Verbena

MÓRBIDOS, pensamientos . . . . Mostaza, Cerasifera,
Castaño blanco

MORDAZ . . . . Acebo, Haya

MORRIÑA . . . . Madreselva

MOTIVACIÓN

alto grado de . . . . Verbena, Vid, Impaciencia
falta de, por apatía . . . . Rosa silvestre, Hojarazo,
Olivo

MOTIVO ÚLTIMO

de controlar . . . . Vid, Achicoria
de poseer . . . . Achicoria
de venganza . . . . Acebo
de atraer la simpatía . . . . Sauce, Achicoria

MUERTE

temor a la . . . . Mímulo, Heliantemo
deseos de, con desesperación irracional . . . . Cerasifera
deseos de, como medio de escape . . . . Agrimonia, Clemátide,
Mostaza,
obsesión mórbida con la . . . . Castaño dulce

MUY TENSO . . . . Verbena, Agua de roca,
Impaciencia
por previsión/vivir como en el filo de una navaja. Álamo temblón

NÁUSEAS

sensación de, en general . . . . Manzano silvestre

Estados de ánimo	Remedios
con temor	Mímulo, Heliantemo
al viajar	Escleranto

NECESITADO .... Castaño dulce

NEGACIÓN DE SÍ MISMO

inclinado a, por naturaleza .... Centaura, Agua de roca, Castaño rojo, Pino silvestre

de manera egoísta: «no os preocupéis por mí» ... Achicoria

NERVIOSISMO

en general, temeroso/tímido, vergonzoso ...... Mímulo
con vagos presentimientos .... Álamo temblón,
con impaciente anhelo .... Impaciencia

NERVIOSO .... Agrimonia, Achicoria, Impaciencia, Mímulo, Verbena

NEUROSIS .... Cerasifera, Heliantemo

NO CONVENCIONAL

debido a tendencias creativas, futuristas .... Avena silvestre, Clemátide
para crear sus propias normas .... Vid

NO OBSERVADOR .... Clemátide

NO RAZONABLE

con los demás .... Vid, Haya, Impaciencia
consigo mismo .... Agua de roca

NO SE QUEJA

por resignación .... Rosa silvestre
por desinterés .... Clemátide

Estados de ánimo	*Remedios*
coraje	Roble
pretendido coraje	Agrimonia

NOSTALGIA . . . . Madreselva

OBEDIENCIA

exige	Vid
exige de sí mismo	Agua de roca

OBEDIENTE . . . . Centaura, Ceratostigma, Agrimonia

por temor . . . . Mímulo

OBESIDAD

asqueado con la . . . . Manzano silvestre
debido a excesos, a modo de «muletas» . . . . Nogal, Centaura, Rosa silvestre, Aulaga

Ver también COMER.

OBLIGACIÓN

se siente bajo la, por un sentido del deber . . . . . Centaura, Pino silvestre
se siente bajo la, por un sentido de los principios. Verbena, Roble

OBSERVACIÓN

astuta . . . . Impaciencia
carece de . . . . Verbena, Agua de roca Clemátide, Castaño, Madreselva, Castaño blanco, Rosa silvestre

OBSESIVO

temor . . . . Cerasifera, Heliantemo
religiosamente . . . . Agua de roca, Verbena
con fariseísmo . . . . Agua de roca, Achicoria,
con los detalles . . . . Manzano silvestre

Estados de ánimo	*Remedios*
OBSTINADO	Verbena, Vid, Haya
OBSTRUCCIONISTA	Haya, Verbena, Vid, Sauce, Acebo
OCULTAMIENTO de las emociones	Agrimonia, Violeta de agua, Roble

ODIO

en general . . . . Acebo
incubando resentimiento . . . . Sauce
no puede ver rasgos redentores en los demás . . Haya

OFENSA

la recibe fácilmente, con introspección . . . . Achicoria, Sauce
la recibe fácilmente, por incertidumbre . . . . Ceratostigma, Alerce
la recibe fácilmente, por injusticia . . . . Verbena

OLVIDADIZO

debido a desorden mental . . . . Castaño blanco, Agrimonia
debido a falta de concentración . . . . Clemátide
debido a apatía . . . . Rosa silvestre

OLVIDO, caer en el

desea . . . . Clemátide, Castaño dulce

OMNIPOTENTE . . . . Vid

OPCIONES

indeciso cuando se enfrenta a . . . . Escleranto
confuso acerca de sus ambiciones . . . . Avena silvestre
duda de su propia mente . . . . Ceratostigma, Escleranto

Estados de ánimo	*Remedios*

OPORTUNIDAD

la pierde, por dudar . . . . Ceratostigma, Genciana
la pierde, por falta de confianza . . . . Alerce
la pierde, por indecisión . . . . Escleranto
la pierde, por carecer de fe en la intuición . . . . . Ceratostigma
la pierde, por inseguridad en cuanto a su sendero
vocacional . . . . Avena silvestre

ORGULLO . . . . Violeta de agua,
Agua de roca, Achicoria,
Manzano silvestre

OSTENTACIÓN . . . . Haya, Achicoria, Brezo, Vid

OSTRACISMO, condenado al

debido a egoísmo/posesividad . . . . Achicoria
debido a locuacidad implacable . . . . Brezo
debido a una actitud encolerizada . . . . Acebo, Sauce
debido a una actitud crítica . . . . Haya, Achicoria

PACIFISTA . . . . Agrimonia, Centaura,
Verbena, Clemátide,
Rosa silvestre, Roble

PAGADO DE SÍ MISMO . . . . Vid, Achicoria, Acebo,
Agua de roca, Haya

PÁNICO, le entra el

en general . . . . Heliantemo, Remedio Rescate
con pensamientos irracionales . . . . Cerasifera

PAPAMOSCAS . . . . Mímulo, Clemátide

PARALIZADO

en profundos pensamientos/absorto . . . . Cleatis
tras recibir un choque . . . . Ornitógalo, Remedio Rescate

Estados de ánimo	*Remedios*

PARANOIA

con suspicacia . . . . Acebo

con temores irracionales . . . . Cerezo

PARLANCHÍN . . . . Brezo, Impaciencia,
Agrimonia, Verbena

PARQUEDAD

debido a naturaleza propia . . . . Violeta de agua

debido a suspicacia . . . . Acebo

debido a temor . . . . Mímulo

PASADO

nostálgico de los recuerdos del . . . . Madreselva

carece de interés en . . . . Clemátide

lamenta . . . . Madreselva, Pino silvestre,
Manzano silvestre

para dejar ir el . . . . Nogal

PASIVO . . . . Centaura, Mímulo,
Rosa silvestre, Clemátide

PAVOR . . . . Álamo temblón, Heliantemo

aprensivo/aterrorizante . . . . Alerce, Mímulo

de suceso conocido, por ejemplo, actuar, ser entre-
vistado, entretener . . . . Álamo temblón

oculto . . . . Agrimonia

PAYASO . . . . Agrimonia

PAZ DE MENTE

perturbada por pensamientos/preocupación . . . . Castaño blanco, Agrimonia

perturbada por sentimiento de culpabilidad . . . . Pino silvestre

perturbada por diatribas mentales . . . . Castaño blanco, Verbena

Estados de ánimo	*Remedios*
perturbada por el temor	Mímulo, Álamo temblón, Heliantemo
perturbada por temor por los demás	Castaño rojo
perturbada por el pesar	Ornitógalo, Madreselva
perturbada por el resentimiento	Sauce
porturbada por la indecisión	Escleranto
perturbada por la obsesión	Manzano silvestre

PAZ y TRANQUILIDAD

disfruta, debe tener	Violeta de agua
evita	Agrimonia, Brezo

PECADO

cree haber cometido	Pino silvestre

PEJIGUERO	Manzano silvestre, Achicoria, Haya

PENA DE SÍ MISMO	Sauce, Achicoria

PENDENCIAS

evita	Agrimonia, Centaura, Clemátide, Rosa silvestre

PENDENCIERO	Sauce, Verbena, Acebo, Achicoria, Haya, Impaciencia

PENSAMIENTOS

persistentes, preocupantes	Castaño blanco
acerca del futuro	Clemátide
acerca del pasado	Madreselva
de venganza	Acebo, Sauce
irrealistas/pavor	Cerasifera, Álamo temblón,
de miseria	Sauce, Aulaga
de frustración	Agrimonia, Nogal, Verbena

Estados de ánimo	*Remedios*

PENSAMIENTOS ACOSADORES

padece .... Álamo temblón, Castaño
blanco, Madreselva

protección frente a .... Nogal

PENSAMIENTOS TURBULENTOS .... Agrimonia, Castaño blanco

PENSATIVO

en exceso (perdido en sus pensamientos/soñador). Clemátide

PÉRDIDA

sensación de, con pesar .... Ornitógalo
Ver también LUTO y PESAR.

PERDONAR

incapaz de, debido a amargura .... Sauce
incapaz de, debido a injusticia .... Verbena
lo hace fácilmente, pues se culpa a sí mismo ... Pino silvestre, Centaura

PEREZA .... Rosa silvestre, Hojarazo,
Clemátide

PERFECCIONISMO .... Haya, Agua de roca,
Verbena, Vid

PERSECUCIÓN

sospecha .... Acebo, Cerasifera
teme .... Cerasifera, Mímulo,
Álamo temblón

PERSISTENTE .... Verbena, Roble,
Agua de roca

PERSUADIDO POR LOS DEMÁS

contra su propia inclinación .... Aulaga, Rosa silvestre,

Estados de ánimo	*Remedios*
	Nogal
por desconfiar de sí mismo	Ceratostigma
por debilidad	Centaura
por amabilidad	Agrimonia
por celos, envidia	Acebo
por agradar a otros	Centaura

PERSUASIVO

entusiásticamente	Verbena
tranquilamente	Violeta de agua

PERTENENCIA

sin sentido de, debido a incertidumbre	Ceratostigma, Escleranto, Alerce
sin sentido de, debido a soledad	Brezo, Castaño dulce, Mímulo
sin sentido de, y se siente amargado/se compadece a sí mismo	Sauce, Achicoria
sin sentido de, se siente no deseado/condenado al ostracismo	Sauce, Achicoria, Mímulo, Manzano silvestre, Aulaga, Castaño dulce

PESAR

repentino, choque	Ornitógalo, Remedio Rescate
se apena en silencio	Violeta de agua
crónico con desesperación	Castaño dulce
corazón dolorido	Castaño dulce, Ornitógalo
con nostalgia del pasado	Madreselva
con culpa/auto incriminación	Pino silvestre
con condena/disgusto con uno mismo	Manzano silvestre

PESIMISMO .... Aulaga, Genciana

Estados de ánimo	*Remedios*

PETRIFICADO . . . . Heliantemo

PETULANTE . . . . Impaciencia, Sauce

PLACER

ninguno, en la vida . . . . Mostaza, Castaño dulce

tiene, en compañía de otros . . . . Brezo

tiene, convirtiendo a otros . . . . Verbena, Agua de roca, Haya

busca . . . . Agrimonia

tiene, siendo un exhibicionista . . . . Verbena, Vid

PLÁCIDO . . . . Roble, Violeta de agua,

Rosa silvestre, Clemátide, Centaura, Mímulo

PLOMAZO

locuaz . . . . Brezo

deprimente . . . . Aulaga, Sauce

PODER

deseo de . . . . Vid

deseo de, para manipular . . . . Achicoria

frustrado por la falta de . . . . Vid, Verbena

POLUCIÓN

sensación de ser contaminado por . . . . Manzano silvestre

temor a . . . . Mímulo

agitado por, ante el miedo a dañar a otros . . . . . Castaño rojo

agitado, por una cuestión de principios . . . . Verbena

POSESIVIDAD . . . . Achicoria, Brezo

PRAGMÁTICO . . . . Vid, Verbena, Roble,
Achicoria

Estados de ánimo	*Remedios*

PRECAVIDO

por suspicacia . . . . Acebo

por temor . . . . Mímulo

por razonable precaución . . . . Roble, Verbena, Violeta de agua

PRECIPITADAMENTE

actúa . . . . Impaciencia, Verbena

PRECISO . . . . Verbena, Agua de roca, Haya

PREDICAR

tendencia a . . . . Verbena, Agua de roca, Haya

PREGUNTARSE

acerca de un suceso futuro . . . . Clemátide

PREGUNTAS

repetidas, buscando confirmación . . . . Ceratostigma

por interés sincero . . . . Verbena

por suspicacia . . . . Acebo, Sauce, Vid

por arrogancia . . . . Haya

PREOCUPACIÓN

en general . . . . Castaño blanco

acerca de los problemas de otra gente . . . . Castaño rojo

acerca de los propios problemas . . . . Brezo

oculta . . . . Agrimonia

quejicosa . . . . Achicoria, Verbena

con diatribas mentales . . . . Castaño blanco

acerca del bienestar de los demás . . . . Verbena, Castaño rojo, Achicoria

Estados de ánimo	*Remedios*

PREOCUPACIÓN, estado de

con pensamientos/problemas . . . . Castaño blanco

con el futuro/fantasía . . . . Clemátide

con el pasado . . . . Madreselva

con la injusticia . . . . Verbena

consigo mismo . . . . Brezo, Agua de roca, Manzano silvestre, Achicoria, Sauce

con la limpieza . . . . Manzano silvestre

con los detalles/trivialidades . . . . Manzano silvestre

con los celos . . . . Acebo, Sauce

con los agravios . . . . Acebo, Sauce, Verbena

PREOCUPADO

por los detalles . . . . Manzano silvestre

por los demás . . . . Achicoria, Castaño rojo, Roble, Verbena

por uno mismo . . . . Brezo, Agua de roca, Achicoria, Sauce

PRESENTIMIENTO . . . . Álamo temblón

PRESIÓN

de la responsabilidad, abrumado por . . . . Olmo blanco

del trabajo, medra con . . . . Verbena

de servir/asistir a otros . . . . Centaura

no afectado por/se lo toma con tranquilidad . . . . Roble

de conformarse a la norma, influenciado por . . . Ceratostigma, Nogal, Centaura

PRESUMIDO . . . . Vid, Agua de roca, Violeta de agua, Haya

PRESUNTUOSO . . . . Vid, Achicoria, Haya

Estados de ánimo	*Remedios*
PRETENCIOSO	Haya, Achicoria, Vid

PREVISIÓN

vagos temores/presentimientos	Álamo temblón
de problemas con los demás	Castaño rojo
de fracaso	Alerce, Mímulo

PRINCIPIOS

siente fuertemente los	Verbena

PRIVACIDAD

disfruta, necesita	Violeta de agua

PROLIJO	Brezo, Verbena

PROPENSO A LOS ACCIDENTES	Clemátide
debido a falta de concentración	Impaciencia
debido a impaciencia/tensión nerviosa	Álamo temblón
debido a nerviosismo miedoso	Mímulo
debido a exceso de entusiasmo	Verbena

PROTECCIÓN

frente a las influencias externas perturbadoras ..	Nogal

PROTECTOR	Centaura, Achicoria, Castaño rojo, Verbena, Roble

PROTECTOR/condescendiente	Vid, Haya, Agua de roca

PUCHEROS

con resentimiento	Sauce
con pena de sí mismo	Achicoria, Sauce

Estados de ánimo	Remedios

PUNZADAS DE CULPABILIDAD . . . . Pino silvestre

PURISTA . . . . Agua de roca, Verbena, Haya

PUSILÁNIME . . . . Mímulo, Centaura, Alerce

QUEJA

de otros . . . . Haya, Achicoria, Acebo, Sauce, Impaciencia

de principio . . . . Verbena

cuando enferma . . . . Sauce, Aulaga

nunca . . . . Centaura, Agrimonia, Roble

QUEJICOSIDAD

de los asuntos de otra gente/entrometido . . . . . . Achicoria

de los demás, debido a temor/ansiedad . . . . Castaño rojo

acerca de los detalles, las trivialidades y la limpieza. Manzano silvestre

acerca de tener que juzgar . . . . Ceratostigma

acerca de principios . . . . Verbena

acerca de la corrección . . . . Agua de roca, Verbena

QUEJUMBROSO . . . . Achicoria, Agrimonia, Castaño blanco, Castaño rojo

QUEMADO

Ver también DERRUMBAMIENTO . . . . Olivo, Nogal, Roble, Agua de roca, Verbena

RABIA

incontrolada/irracional . . . . Cerasifera

debido a autoritarismo . . . . Vid

debido a odio/venganza/envidia . . . . Acebo

debido a injusticia/cuestión de principios . . . . . . Verbena

debido a irritabilidad/impaciencia . . . . Impaciencia

Estados de ánimo	*Remedios*
RÁPIDO	Impaciencia, Verbena

RAYOS X

se siente contamiado por	Manzano silvestre
siente que necesita protegerse de los	Nogal, Manzano silvestre
temor a	Mímulo, Heliantemo
persistente preocupación por	Castaño blanco, Manzano silvestre

REACTIVO

en respuesta a injusticia o insulto	Verbena
como resultado de resentimiento/compasión de sí mismo	Sauce, Achicoria
como resultado de la humillación	Sauce, Achicoria
como resultado de la humillación, pero absorbida.	Violeta de agua
despreciativamente o como resultado de odio/celos.	Acebo
de manera autoritaria	Vid
en forma de arrebato/carácter incontrolado	Cerasifera

REAFIRMACIÓN

necesita debido a incertidumbre	Ceratostigma
necesita, para envalentonarse	Mímulo, Alerce

REALIDAD

sin sentido de la/no tiene los pies en la tierra . . .	Clemátide
firme sentido de	Roble, Verbena, Vid

REALIZACIÓN

carece de, y por tanto busca	Avena silvestre

REBELDÍA	Haya, Impaciencia, Verbena, Vid

Estados de ánimo	*Remedios*

RECAÍDA

en viejos hábitos improductivos .... Brote de castaño
deprimido por .... Genciana

RECATADO .... Centaura, Violeta de agua,
Mímulo

RECELOSO

de los demás .... Acebo
de uno mismo .... Ceratostigma
de uno mismo en cuanto a hacer daño/actuar irracionalmente .... Cerasifera

RECEPTIVO

a las necesidades de otras personas .... Centaura, Nogal,
Castaño rojo
a fantasías/creatividad .... Achicoria, Clemátide

RECLUIDO, por preferencia

debido a temor .... Violeta de agua
Álamo temblón
debido a temor de contaminarse con el exterior .. Mímulo, Heliantemo,
Cerasifera
como señal de automartirio/autoperfeccionismo .. Manzano silvestre
debido a resentimiento .... Agua de roca, Sauce

RECORDATORIOS

nostálgicos .... Madreselva
sentimentales .... Nogal, Madreselva
que provocan sentimiento de culpa .... Pino silvestre
que provocan tristeza/pesar .... Ornitógalo, Madreselva
que provocan asco de sí mismo .... Manzano silvestre
acerca de la injusticia .... Verbena
que reavivan rencores .... Sauce
que causan recaída .... Genciana

Estados de ánimo	*Remedios*

RECTITUD . . . . Agua de roca, Verbena

RECTO . . . . Agua de roca, Haya, Verbena

RECUPERACIÓN

    adaptación durante . . . . Nogal

    agotamiento de la energía durante . . . . Hojarazo, Olivo

    deprimido/lloroso durante . . . . Mostaza, Sauce.
                                              Aulaga (si se debe a un
                                            mal pronóstico)

    sensación enfermiza durante . . . . Manzano silvestre

    choque al organismo durante . . . . Ornitógalo, Remedio Rescate

    contratiempo durante . . . . Genciana

    desesperación de revés grave . . . . Castaño dulce

RECHAZO

    con pesar/sensación de pérdida o choque . . . . . Ornitógalo

    con autoinculpación . . . . Pino silvestre,
                                              Manzano silvestre

    con resentimiento/amargura . . . . Sauce

    con odio/celos . . . . Acebo

    sin confianza . . . . Alerce

    con sentido de vulnerabilidad . . . . Ceratostigma, Mímulo, Alerce

    con excesiva preocupación, temor o ansiedad por
    los demás . . . . Castaño rojo

    con excesiva preocupación y obsesión . . . . Achicoria, Brezo

REFLEXIONA

    para la resolución de un problema . . . . Verbena

    por las preocupaciones/diatribas mentales . . . . . Castaño blanco

    sobre el futuro . . . . Cremátide

    sobre el pasado . . . . Madreselva

    sobre sí mismo . . . . Brezo, Achicoria, Sauce

    temerosamente, sobre lo que podría suceder . . . Álamo temblón

Estados de ánimo	*Remedios*
REFORMADOR	Agua de roca, Verbena
REFRACTARIO	Haya, Vid, Verbena, Impaciencia
REFUNFUÑA	Sauce
REGAÑA	Achicoria, Haya, Vid
REGOCIJO, falso	Agrimonia

REGRESIÓN

con pensamientos del pasado	Madreselva
conmocionado/entristecido por	Ornitógalo
atemorizado por	Mímulo, Heliantemo
adaptación a	Nogal
deprimido por/ambición frustrada	Genciana

REHÚSA A ADAPTARSE A LAS NORMAS

tras noticias que causan choque	Ornitógalo
desea quedar a solas para lamentarse/reflexionar en paz y silencio	Violeta de agua, Madreselva
pues demuestra signos de debilidad	Vid, Agua de roca
pero manipula el consuelo y la simpatía a través de la compasión de sí mismo	Achicoria, Sauce
tiene el coraje innato para encarar la adversidad	Roble

REHUSE A CONFORMARSE A LAS NORMAS

debido a la propia fuerza de carácter	Haya, Verbena, Vid, Achicoria
debido a ideas no convencionales	Clemátide

RELAJACIÓN

difícil, debido a tensión	Verbena, Agua de roca, Vid

Estados de ánimo	*Remedios*
fácil, debido a somnolencia	Olivo, Clemátide
fácil, debido a apatía/pereza	Rosa silvestre, Hojarazo
difícil, debido a pensar en preocupaciones	Castaño blanco
difícil debido a temor/ansiedad	Mímulo, Álamo temblón, Heliantemo
difícil debido a temor por los demás	Cerasifera
difícil debido a impaciencia/no puede frenar . . .	Castaño rojo
Ver también DESASOSIEGO	Impaciencia, Verbena

REMEDA

debido a incertidumbre respecto a uno mismo . .	Ceratostigma
sarcásticamente/despreciativamente/para sacar provecho	Acebo, Sauce, Achicoria

REMEMORANZAS

sentimental respecto a	Madreselva
sin apego a	Clemátide
irritado por	Impaciencia, Haya, Vid
consolado por	Centaura, Mímulo, Alerce, Ceratostigma, Madreselva, Achicoria

REMILGOS . . . .   Mímulo, Manzano silvestre

REMINISCENCIA . . . .   Madreselva

REMORDIMIENTO . . . .   Pino silvestre

REMOTO, SE HALLA

debido a escapismo mental/ensoñación	Clemátide
debido a absorción en el pasado	Madreselva
debido a pesar/choque	Ornitógalo
debido a abatimiento extremo/vacío	Castaño dulce
por deseo de soledad privada	Violeta de agua
padecido por gente sensible	Alerce, Mímula, Centaura, Manzano silvestre

Estados de ánimo	*Remedios*

RENACIMIENTO

adaptación a/después de . . . . Nogal
choque, como resultado de . . . . Ornitógalo
culpabilidad, descubierta por . . . . Pino silvestre
pesar/tristeza, descubiertos por . . . . Ornitógalo
incapacidad de perdonar, descubierta por . . . . . . Sauce
condena de sí mismo/asco, como resultado de . . Manzano silvestre

RENCOR . . . . Acebo, Achicoria

RENUNCIA . . . . Agua de roca

REPELIDO . . . . Manzano silvestre

REPENTINO

terror/pánico . . . . Heliantemo, Remedio Rescate
alarma . . . . Ornitógalo
depresión/nube oscura que desciende . . . . Mostaza
confrontación, causando temor . . . . Mímulo, Remedio Rescate

REPETIR

los mismos errores . . . . Brote de castaño
-se uno mismo verbalmente . . . . Brezo, Verbena,
                                                                                          Impaciencia

REPLEGARSE

por choque . . . . Ornitógalo
por asco . . . . Manzano silvestre
por horror . . . . Heliantemo
por temor . . . . Álamo temblón
por ataque verbal abusivo . . . . Mímulo, Heliantemo, Nogal,
                                                                                          Centaura, Agrimonia
propio ritmo . . . . Violeta de agua, Mímulo,
                                                                                          Agrimonia, Achicoria,
                                                                                          Brezo, Impaciencia

Estados de ánimo	*Remedios*

REPLICAR

por ser atento . . . . Achicoria
resentidamente . . . . Sauce
rencorosamente . . . . Acebo
con un argumento válido . . . . Verbena
desafiante . . . . Vid, Verbena, Achicoria

REPRIMIDAS, EMOCIONES

en general . . . . Agrimonia, Centaura,
de culpabilidad . . . . Violeta de agua
de indecisión . . . . Pino silvestre
de resentimiento/amargura . . . . Escleranto
incubando pensamientos/diatribas mentales . . . . Sauce, Castaño blanco

REPUGNANCIA . . . . Manzano silvestre

REPULSIÓN

en general . . . . Manzano silvestre
por horror . . . . Ornitógalo, Heliantemo

RESENTIDO . . . . Achicoria, Sauce

RESENTIMIENTO

vengativo . . . . Sauce
debido a injusticia . . . . Acebo
cuando no es apreciado . . . . Verbena
debido a celos/envidia . . . . Achicoria, Sauce, Acebo

RESERVADO

vergonzoso . . . . Mímulo
subordinado/débil . . . . Centaura
por propia elección debido a su naturaleza privada. Violeta de agua

RESIGNACIÓN . . . . Rosa silvestre, Aulaga

Estados de ánimo	*Remedios*
RESISTENCIA	Roble, Verbena, Agua de roca

RESPETO

exige	Vid
anhela, egoístamente	Achicoria
aprecia	Verbena
merecedor de	Violeta de agua

RESPETO POR SÍ MISMO

carece	Pino silvestre, Manzano silvestre, Ceratostigma

RESPONSABILIDAD

capaz de, y medra con	Verbena
afronta, sin ponerse nervioso	Roble
se siente abrumado por	Olmo blanco
desánimo debido a	Olmo blanco, Genciana
pérdida de confianza debido a	Olmo blanco, Alerce
la lleva con orgullo tranquilo y digno	Violeta de agua

RESTRICCIÓN

autoinfligida	Agua de roca

RETICENCIA

debido a indecisión	Escleranto, Ceratostigma
debido a duda	Ceratostigma, Genciana
debido a temor/aprensión	Mímulo, Álamo temblón
debido a falta de confianza	Alerce, Ceratostigma
debido a suspicacia	Acebo

RETROSPECCIÓN	Madreselva, Pino silvestre, Aulaga, Sauce

Estados de ánimo	*Remedios*

RIDÍCULO

afectado por . . . . Mímulo, Centaura,
Ceratostigma, Slceranthus,
Alerce

desánimo debido a . . . . Genciana
protección frente a la influencia de . . . . Nogal
inflinge rencorosamente . . . . Acebo
inflinge arrogantemente . . . . Haya, Vid

RIGIDEZ, mental . . . . Agua de roca, Haya, Vid,
Verbena

RÍGIDO . . . . Agua de roca

RISA

para ocultar los sentimientos . . . . Agrimonia
nerviosa . . . . Agrimonia
incontrolable . . . . Impaciencia, Mímulo,
Cerasifera

RISA TONTA

para ocultar sus sentimientos . . . . Agrimonia
nerviosamente . . . . Mímulo, Agrimonia, Alerce
con nerviosa impaciencia . . . . Impaciencia

ROMÁNTICO . . . . Clemátide

RUIDO

aversión a/paz perturbada por el . . . . Violeta de agua,
Clemátide, Mímulo, Nogal
intolerante con/enojado con el . . . . Haya, Impaciencia, Sauce

RUTINA

sensación de ser esclavo de la . . . . Rosa silvestre, Clemátide,
Aulaga

Estados de ánimo	Remedios
SABELOTODO	Vid, Haya
SABIDURÍA	
carece	Brote de castaño, Ceratostigma
SABIO	Violeta de agua, Roble, Verbena
SACRIFICIO	
de sí mismo	Agua de roca, Pino silvestre, Manzano silvestre, Castaño rojo,
de sí mismo, como un mártir	Agua de roca, Achicoria
SACRIFICIO DE SÍ MISMO	
por naturaleza	Agua de roca
para atraer simpatías	Achicoria, Sauce
SÁDICO	
rencoroso/lleno de odio	Acebo
y vindicativo, con deseo de controlar	Vid
SALVAJE	Cerasifera
SANGRE	
miedo a	Mímulo, Heliantemo
se desmaya a la vista de	Remedio Rescate
siente repugnancia por	Manzano silvestre
SANTIMONIOSO	Agua de roca, Haya, Verbena, Vid
SARCÁSTICO	Acebo, Sauce, Vid, Haya, Achicoria

Estados de ánimo	*Remedios*
SARDÓNICO	Sauce, Acebo, Haya, Vid

SARPULLIDOS

irritado por	Impaciencia
se siente sucio debido a	Manzano silvestre

SATISFACCIÓN

carece de, en sus ambiciones	Avena silvestre
carece de, en su vida	Rosa silvestre, Hojarazo, Aulaga, Castaño dulce
carece de, consigo mismo	Agua de roca, Ceratostigma, Manzano silvestre

SECRETO, de naturaleza

por sospechar de los motivos de los demás	Acebo
por poder/para darse importancia	Vid
disfruta siéndolo/se aferra egoístamente a los secretos/los usa como un modo de manipular la atención	Achicoria
debido a un deseo de privacidad	Violeta de agua
por temor	Mímulo, Álamo temblón
por negación	Agrimonia, Heliantemo
por indecisión	Escleranto
por vergüenza	Manzano silvestre, Pino silvestre
con pensamientos torturantes	Castaño blanco, Agrimonia

SEGURIDAD

teme por los demás	Castaño rojo
teme por sí mismo	Mímulo, Remedio Rescate

SEGURIDAD (EMOCIONAL)

busca	Ceratostigma, Mímulo, Brezo, Achicoria

Estados de ánimo	*Remedios*

SEGURO DE SÍ . . . .   Vid, Violeta de agua, Roble,
Agua de roca

SENDERO EN LA VIDA

para ayudar a determinar . . . .   Avena silvestre
para ayudar a mantenerse en . . . .   Nogal

SENSACIÓN EXTRAÑA

aprensión inexplicable . . . .   Álamo temblón
depresión inexplicable . . . .   Mostaza
como sobre el filo de una navaja . . . .   Álamo temblón,
Impaciencia, Verbena

SENSIBILIDAD

al ruido . . . .   Clemátide, Mímulo, Violeta
de agua, Impaciencia
a la controversia/conflicto/disputa . . . .   Agrimonia, Mímulo,
Centaura
sensible por naturaleza . . . .   Nogal, Centaura, Agrimonia,
Clemátide
a las críticas . . . .   Sauce, Achicoria, Verbena
Ver también LLORA CON FACILIDAD, LÁGRIMAS y LLANTINA.

SENSIBILIDAD EXTREMA

oculta . . . .   Agrimonia
por debilidad . . . .   Centaura
a las influencias fuertes . . . .   Nogal
a insultos/sospechas imaginarios . . . .   Acebo, Verbena

SENTENCIOSO . . . .   Achicoria, Verbena, Agua
de roca, Violeta de agua

SENTIDO DEL RIDÍCULO . . . .   Mímulo, Alerce, Cerasifera

Estados de ánimo	*Remedios*
SENTIMENTAL	Madreselva, Nogal, Achicoria, Castaño rojo, Centaura, Pino silvestre
SENTIMIENTOS EXTRAÑOS	Cerasifera, Clemátide

SENTIR ASCO

de los demás	Acebo
de uno mismo	Manzano silvestre

SENTIRLO	Pino silvestre

SENTIRSE DESEADO

sin conciencia de, debido a una pobre imagen de uno mismo	Manzano silvestre
necesita confirmación respecto	Ceratostigma

SERENIDAD	Violeta de agua

SERMONEAR

lo desea, por entusiasmo	Verbena
lo hace, para dominar/controlar	Vid
lo hace, para salirse con la suya	Achicoria
lo hace, para poner en evidencia la estupidez	Haya

SERVICIO

disfruta dando	Roble, Centaura, Achicoria, Castaño rojo, Agrimonia
se queja dando	Sauce

SERVIL	Centaura, Agrimonia, Pino silvestre
SEVERO	Vid, Agua de roca

Estados de ánimo	*Remedios*

SEXO

le desagrada . . . . Manzano silvestre
lo teme . . . . Mímulo, Alerce
se siente interferido por . . . . Violeta de agua
sobreexcitado al respecto . . . . Verbena, Impaciencia
dominante . . . . Vid
sin interés en . . . . Clemátide, Olivo,
                                              Hojarazo, Rosa silvestre

«SÍ»

«persona sí», no puede decir «no» . . . . Centaura
está de acuerdo contra sus propios instintos natu-
rales . . . . Mímulo, Alerce, Centaura,
                                              Ceratostigma, Nogal

SIGUE A LOS DEMÁS

debido a incertidumbre . . . . Ceratostigma
por ansia de agradar . . . . Centaura
debido a falta de confianza en uno mismo . . . . . Alerce

SILENCIO

disfruta . . . . Violeta de agua, Clemátide

SIMPATÍA

desea . . . . Achicoria, Brezo, Sauce
carece de, por los demás . . . . Haya, Vid, Acebo

SIMPÁTICO . . . . Agrimonia

SIN CONFIANZA EN SÍ MISMO . . . . Alerce, Mímulo,
                                              Ceratostigma, Centaura

SIN LOS PIES EN LA TIERRA . . . . Clemátide

Estados de ánimo	*Remedios*
SIN PRETENSIONES	Mímulo, Centaura, Clemátide, Rosa silvestre, Alerce

SIN RUMBO EN LA VIDA

debido a falta de ambición	Rosa silvestre
con insatisfacción debido a falta de dirección	Avena silvestre

SINCERO	Verbena, Roble, Violeta de agua, Castaño rojo, Centaura

SÍNTOMAS

obsesionado con los detalles de	Manzano silvestre, Castaño blanco
obsesionado con las consecuencias de	Brezo, Mímulo, Castaño blanco
temor no expresado a	Agrimonia, Mímulo, Álamo temblón, Castaño blanco

SINUOSO	Acebo

SOBRECOGIMIENTO	Ornitógalo, Álamo temblón, Heliantemo, Remedio Rescate

SOBREEXCITADO

con temor por los demás	Castaño rojo
con desesperación	Castaño dulce
con ansiedad sobre cómo hacer frente	Olmo blanco
con ansiedad y presentimientos	Álamo temblón
con preocupación	Castaño blanco

SOBRENATURAL

temor definido a	Mímulo, Heliantemo
temor indefinido a	Álamo temblón

Estados de ánimo	*Remedios*
temor incontrolado a	Cerasifera, Heliantemo
siente fuerte pero no deseada influencia de	Nogal
busca compañía con	Clemátide
SOBRESALTADO	Ornitógalo, Remedio Rescate
SOCIABLE	Agrimonia, Verbena, Achicoria, Brezo
SOFOCO, emocional	
por amor posesivo	Achicoria
SOLEDAD	
disfruta	Violeta de agua
la prefiere, para trabajar	Impaciencia
le desagrada	Agrimonia, Brezo, Achicoria, Mímulo, Verbena
busca, como escape	Clemátide
rompecorazones	Ornitógalo, Castaño dulce
SÓLIDO COMO UNA ROCA	
y se puede depender de él	Roble
y convincentemente decidido	Vid
SOLITARIO	
por elección, preferencia por la intimidad	Violeta de agua
por elección, para trabajar a su propio ritmo ...	Impaciencia
fuerte aversión a ser	Brezo
por elección, por razones de escapismo	Clemátide
SOLO	
preferencia por estar	Violeta de agua
temor a estar	Mímulo, Agrimonia
le disgusta estar	Achicoria, Brezo
para trabajar en paz	Impaciencia

Estados de ánimo	*Remedios*

SOMNOLENCIA

ensoñadora, sopor . . . . Clemátide
debido a agotamiento . . . . Olivo
debido a letargia/hastío mental . . . . Hojarazo
debido a apatía . . . . Rosa silvestre

SONREÍR

para tapar los sentimientos . . . . Agrimonia
le resulta difícil (deprimido) . . . . Mostaza, Sauce, Aulaga,
　　　　　　　　　　　　　　　　　　　　　Castaño dulce

SONROJARSE CON FACILIDAD
Ver también SENTIDO DEL RIDÍCULO . . . . Mímulo, Alerce,
　　　　　　　　　　　　　　　　　　　　　Pino silvestre

SOSEGADO

debido a apatía . . . . Rosa silvestre, Hojarazo
debido a somnolencia . . . . Clemátide, Olivo, Hojarazo
vida tranquila/persona privada . . . . Violeta de agua

SUBORDINADO . . . . Centaura

SUCEDER

teme que algo va a suceder . . . . Álamo temblón
no puede aguardar a que las cosas sucedan . . . . Impaciencia, Clemátide

SUCIEDAD

le asquea la . . . . Manzano silvestre

SUCIEDAD, sensación de . . . . Manzano silvestre

SUEÑOS

terrores nocturnos . . . . Álamo temblón, Heliantemo,
　　　　　　　　　　　　　　　　　　　　　Remedio Rescate

Estados de ánimo	*Remedios*
pesadillas	Heliantemo, Ornitógalo, Remedio Rescate
recurrentes	Madreselva, Brote de castaño, Pino silvestre, Remedio Rescate
ensoñación	Clemátide
vivamente imaginativo	Clemátide, Verbena, Cerasifera

SUFRIMIENTO

gustosamente, como mártir	Agua de roca, Achicoria
soporta sin queja	Roble, Centaura, Agrimonia
trabaja bajo el, quejándose	Sauce

SUICIDIO

deseo irracional de cometer	Cerasifera
considera, para escapar del temor	Álamo temblón, Agrimonia, Heliantemo, Mímulo
temor a cometer	Cerasifera
lo considera racionalmente, para escapar del aburrimiento	Clemátide
lo considera racionalmente, para escapar a una depresión profunda	Castaño dulce, Aulaga, Mostaza
lo considera racionalmente, para unirse al amado.	Clemátide, Madreselva
lo considera racionalmente, por autorreprocharse.	Pino silvestre
considerado por estar sobrecargado de responsabilidad o presiones	Olmo blanco, Alerce, Centaura

NOTA: Se recomienda Castaño blanco por añadidura a los anteriores.

SULFURADO	Verbena
SUMISO	Centaura
SUPERFICIAL	Agrimonia

Estados de ánimo	*Remedios*

SUPERSTICIOSO

en general . . . . Agua de roca, Mímulo,
Heliantemo

influenciado por la superstición . . . . Nogal

SUSPICAZ . . . . Acebo

SUSTO . . . . Ornitógalo, Heliantemo

TACITURNO . . . . Aulaga, Mostaza, Sauce

TEATRAL

para ocultar sentimientos/aligerar la situación . . . Agrimonia

comete excesos/buscando atraer la atención . . . . Achicoria, Brezo, Sauce,

entusiasta en exceso/incontrolablemente . . . . Verbena, Cerasifera

debido a celos/envidia del éxito de los demás . . Acebo

debido a pánico *(ver también MIEDO ESCÉNICO)*. Remedio Rescate

TEDIO

la vida/el trabajo, etc., parecen llenos de . . . . . . Clemátide, Hojarazo,
Rosa silvestre

irritado por . . . . Impaciencia, Verbena,
Vid, Haya

TEMBLAR

sin razón . . . . Álamo temblón

con temor . . . . Mímulo, Álamo temblón,
Heliantemo

con los efectos de un choque . . . . Ornitógalo

TEMEROSO

debido a causa conocida . . . . Mímulo

desesperadamente/con pánico . . . . Heliantemo, Cerasifera

irracionalmente . . . . Cerasifera, Álamo temblón

Estados de ánimo	*Remedios*
debido a causa desconocida	Álamo temblón
por el bienestar de los demás	Castaño rojo
del fracaso	Alerce
Ver también TEMOR.	

TEMEROSO, por naturaleza . . . . Mímulo

TEMOR

por causa conocida (enfermedad, pobreza, dolor...).	Mímulo
de causa desconocida	Álamo temblón
a la oscuridad	Álamo temblón, Mímulo
a la muerte	Álamo temblón, Mímulo, Heliantemo
al temor	Álamo temblón
extremo	Heliantemo
a la demencia	Cerasifera
al fracaso	Alerce
al futuro	Álamo temblón, Mímulo, Agrimonia
por uno mismo cuando está enfermo/por la propia salud	Brezo, Mímulo
a perder los amigos	Achicoria, Brezo, Mímulo
a que la mente ceda/a descontrolarse	Cerasifera
de Dios	Álamo temblón, Mímulo
secreto	Álamo temblón, Mímulo Agrimonia, Escleranto
vago, no razonado	Álamo temblón
por uno mismo si está enfermo	Brezo, Mímulo
ausencia de, por uno mismo	Castaño rojo

TENSIÓN

sufre por naturaleza	Haya, Impaciencia, Agua de roca, Verbena, Vid
debido a choque	Ornitógalo
debido a temor	Mímulo, Álamo temblón, Heliantemo, Cerasifera

Estados de ánimo	*Remedios*
debido a temor por los demás	Castaño rojo
debido a preocupación por los demás	Achicoria, Castaño rojo

TENTACIÓN

| influenciado por . . . . | Ceratostigma, Nogal, Centaura |
| influenciado por, debido a codicia . . . . | Achicoria |

TERCO . . . . Vid, Verbena, Haya, Achicoria

TERMINANTE

| debido a intolerancia . . . . | Haya, Vid |
| franqueza . . . . | Violeta de agua, Agua de roca, Roble, Verbena |

TERROR . . . . Heliantemo

TESTARUDO . . . . Vid, Verbena, Haya, Achicoria, Impaciencia

TIEMPO

no se preocupa de/sin sentido de	Clemátide, Rosa silvestre
impaciente con	Impaciencia
demasiado preocupado por	Impaciencia, Verbena, Agua de roca, Haya

TIMIDEZ . . . . Mímulo

TIRÁNICO . . . . Vid

TOLERANCIA

carece de . . . . Haya, Achicoria, Vid, Verbena, Impaciencia

Estados de ánimo	*Remedios*
TORBELLINO mental	Agrimonia, Castaño blanco, Escleranto

TORPEZA

sentido oculto de	Agrimonia
debido a vergüenza	Mímulo
debido a desagradarse a sí mismo	Manzano silvestre
debido a falta de confianza	Alerce
debido a vacilación/indecisión	Escleranto
debido a aprensión	Álamo temblón
debido a subordinación; sentido de temor respetuoso.	Centaura
en niños de carácter débil/enclenque	Mímulo, Alerce

TOTALITARIO	Vid

TOXICIDAD

se siente contaminado por	Manzano silvestre

TRABAJADOR	Hojarazo, Rosa silvestre

TRABAJAR EN EXCESO

tendencia a	Roble, Verbena, Centaura
agotado por	Olivo

TRABARSE LA LENGUA

por timidez/falta de confianza/sentido del ridículo.	Mímulo, Alerce
por impaciencia/tratar de hablar demasiado rápidamente	Impaciencia, Verbena

TRANQUILIDAD

disfruta/necesita, por naturaleza	Violeta de agua, Clemátide, Rosa silvestre, Mímulo, Centaura

Estados de ánimo	*Remedios*
busca, debido a sensibilidad	Nogal
busca, debido a pensamientos inquietos	Castaño blanco, Agrimonia, Escleranto
busca, debido al temor a los demás y a las situaciones forzadas	Mímulo, Alerce

TRANQUILO

en general, por naturaleza	Álamo temblón, Centaura, Escleranto, Violeta de agua, Centaura
y soñador	Clemátide
y vergonzoso	Mímulo

TRANSICIÓN	Nogal
TRAS UN CHOQUE	Ornitógalo, Remedio Rescate
TRAUMA	Ornitógalo, Remedio Rescate
TRISTEZA	Ornitógalo, Pino silvestre, Castaño dulce, Mostaza, Sauce

TRIUNFAR

deseo ambicioso de	Verbena, Vid
duda de la propia capacidad para	Alerce

TRIVIALIDADES

obsesionado por	Manzano silvestre, Impaciencia, Haya

TURBADO

con temores y preocupación por los demás	Castaño rojo
con sucesos de la vida, con temores irracionales . .	Castaño dulce, Cerasifera
debido a choque/malas noticias	Ornitógalo

Estados de ánimo	*Remedios*

UBICUO . . . . Verbena

ULTRAJE

profundo sentido del . . . . Verbena

UTILIZADO

se siente utilizado por los demás . . . . Centaura, Achicoria, Sauce

VACILACIÓN

por incertidumbre . . . . Escleranto, Ceratostigma
por temor . . . . Mímulo
por falta de confianza . . . . Alerce
ninguna, seguro de sí . . . . Impaciencia, Vid, Violeta de
agua, Verbena, Achicoria

VACÍO

debido al agotamiento . . . . Olivo
debido a falta de interés . . . . Clemátide, Madreselva
debido a penas . . . . Ornitógalo
debido a completo abatimiento . . . . Castaño dulce

VAGA SIN OBJETIVO POR LA VIDA

por naturaleza, debido a apatía . . . . Rosa silvestre
debido a ambiciones no cumplidas . . . . Avena silvestre
debido a falta de interés . . . . Clemátide
debido a revés desalentador/falta de esperanza . . . Genciana, Aulaga

VAGIDO

en busca de atención . . . . Achicoria, Sauce
con desespero extremo . . . . Castaño dulce
sintiendo remordimientos . . . . Pino silvestre

VALÍA

bajo sentido de su propia . . . . Pino silvestre,
Manzano silvestre, Alerce

Estados de ánimo	Remedios
VANO	Haya, Agua de roca, Achicoria, Brezo
VEHEMENCIA	Verbena, Impaciencia, Cerasifera, Acebo, Haya
VELEIDOSO	Impaciencia, Escleranto, Mímulo, Álamo temblón

VELO

echado para conseguir intimidad	Violeta de agua
echado como medio de ocultar los sentimientos	Agrimonia

VENGANZA	Acebo

VENGATIVO

por odio/rencor/deseos de venganza	Acebo
temor a ser	Cerasifera

VERACIDAD

preocupado por la	Verbena

VERDAD

busca	Avena silvestre, Verbena

VERGÜENZA	Manzano silvestre, Pino silvestre

VIAJE (alucinatorio)

aterrorizado por	Heliantemo, Álamo temblón, Mímulo, Remedio Rescate
perturbado por	Madreselva, Nogal
conmocionado por	Ornitógalo
entretenido por	Clemátide
rememora tras	Madreselva, Nogal

Estados de ánimo	Remedios
VIAJES POR AIRE	
miedo a los	Mímulo, Heliantemo, Remedio Rescate
preocupado por los	Castaño blanco, Álamo temblón
agotado por	Olivo
entretenido y distraído con los	Clemátide
adaptación a continuación de	Nogal
para el desfase horario	Nogal, Clemátide, Olivo
VÍCTIMA	Centaura, Mímulo
se siente, y lamenta	Sauce, Achicoria
temor irracional a ser	Cerasifera, Acebo
VIDA	
desesperado de	Castaño dulce, Remedio Rescate
parece un duro trabajo	Centaura, Hojarazo, Olivo, Aulaga
pérdida del interés en	Clemátide, Aulaga
no saca placer de	Olivo, Mostaza
deseo irracional de acabar con	Cerasifera
VIEJAS ATADURAS, para romper	Nogal
VIGOR	
posee	Roble, Verbena, Vid, Brezo
carece	Centaura, Aulaga, Genciana, Olivo, Hojarazo, Clemátide, Rosa silvestre
VILEZA	Acebo, Achicoria, Haya
VINDICATIVO	Acebo, Achicoria

Estados de ánimo	*Remedios*

VIOLACIÓN

efectos posteriores de choque . . . . Ornitógalo, Remedio Rescate
asco/sensación de estar contaminado/suciedad . . Manzano silvestre
culpa . . . . Pino silvestre
pesadillas/horror . . . . Heliantemo
recuerdo horrendo . . . . Madreselva, Heliantemo,
Ornitógalo
acosado por pensamientos repetitivos . . . . Castaño blanco

VIOLENTO

furia . . . . Cerasifera
temor a ser . . . . Cerasifera
satisfacción de ser/deseo de ser . . . . Acebo
para demostrar superioridad . . . . Vid

VITALIDAD

chupada por los demás . . . . Agrimonia, Centaura,
Clemátide, Mímulo, Alerce
chupa la de los demás . . . . Ceratostigma, Achicoria,
Brezo
drenada/agotada . . . . Hojarazo, Olivo

VIVA LA VIRGEN, un . . . . Agrimonia, Roble

VIVAZ . . . . Agrimonia, Impaciencia,
Verbena

VOCACIÓN

no seguro de su . . . . Avena silvestre, Ceratostigma

VOLÁTIL . . . . Escleranto, Mostaza, Acebo

VOLUBLE . . . . Escleranto, Ceratostigma

Estados de ánimo	*Remedios*

VOLUNTAD

fuerte . . . . Haya, Achicoria, Agua de
roca, Verbena, Vid

débil . . . . Centaura

débil en ocasiones . . . . Agrimonia, Nogal

fuerza de carácter . . . . Roble

VOLUNTARIOSO . . . . Verbena, Vid

VÓMITO

temor al . . . . Mímulo, Manzano silvestre

asco del . . . . Manzano silvestre

VUDÚ

vaga aprensión acerca del . . . . Álamo temblón

aterrorizado por . . . . Heliantemo

influenciado por . . . . Nogal

deseo de liberarse del . . . . Manzano silvestre, Nogal

VULNERABILIDAD . . . . Centaura, Escleranto, Nogal,
Mímulo, Alerce, Brote
de castaño, Ceratostigma

YOGA

para calmar la mente de preocupaciones, antes del. Castaño blanco,
Agrimonia, Nogal

para relajar la mente de la tensión, antes del . . . Verbena, Agua de roca,
Haya, Acebo

ZOMBI, SEMEJANTE A UN

como sonámbulo . . . . Clemátide

apático/perplejo . . . . Rosa silvestre

por depresión . . . . Mostaza, Aulaga,
Castaño dulce

por agotamiento . . . . Olivo

mentalmente aturdido por choque . . . . Ornitógalo, Remedio Rescate

ANEXO 3
Direcciones útiles

EN ESPAÑA:

Escuela Española de Terapia Floral

Calle Claudio Coello, 126, escalera A, 1.º izqda.
28006 Madrid
Teléf.: 0034 915 643 257

EN EL EXTRANJERO:

Centro del Dr. Edward Bach/Fundación del Dr. Edward Bach
The Dr. Edward Bach Centre/The Dr. Edward Bach Foundation

Mount Vernon,
Sotwell, Wallingford,
Oxon, OXIO OPZ

(Consejo e información acerca de los Remedios Florales de Bach, educación, preparación y registro como consejeros de los Remedios Florales de Bach.)

Remedios Florales de Bach Ltd.
Bach Flower Remedies Ltd

Broadheath House,
83 Parkside,
Wimbledon
London SW19 5LP

(Depositarios locales, distribuidores mundiales y peticiones de ultramar.)